それこそ青春というやつなのだろうな

やついいちろう

PARCO出版

これこそ青春というやつなのだろうな

もくじ

「これはやりたいことがやれそうだ」

僕の小学校の卒業アルバムには将来の夢に「お笑い芸人になって世界中を笑わせたい」とハッキリ書いてある。

世界中を笑わせることができているかは甚《はなは》だ疑問だが、お笑い芸人にはなれた。夢は半分叶《かな》ったわけだ。ハッキリとした夢だったし、それになれたわけだけど、別にずっと芸人になりたいと思っていたわけでもなかった。

高校時代は音楽ばかり聴いていて、ミュージシャンになりたいなーとも思っていたし、『課長 島耕作』にハマって、サラリーマンになりたいなと思ったり、フラフラしながら今に至るわけだ。

そんな僕がお笑いを始めたのは、大学1年生の時だった。

三重の実家から東京の大学へ。一番興味があったのは、やはりお笑いだったけど、音楽もやりたかった。だから、お笑いや音楽のクラブに入りたいなと思っていた。大学に入ったあとに調べたら、どうやら落語研究会（落研《おちけん》）があるらしい。

貼り紙を見て連絡を取った。部室はないらしく、学生が集まる食堂で待ち合わせをした。そこに現れた先輩に話を聞くと、落研といいつつも落語はやっておらず、漫才やコントを学祭でやっているくらい、とのことだった。部員も8人ほどらしい。

それを聞いて、「これはやりたいことがやれそうだ」と思った。それほどやる気がある人がいない雰囲気だったから、すぐに自分のやりたいことが実現できると思ったのだ。他にも音楽や演劇のサークルも見に行ったが、やたら組織がしっかりしていて自分には向いてない気がした。

というわけで、僕は落研に入ることに決めた。

入部して、すぐ新入生ライブに出ることになった。

新入生は4人。男2人女2人。僕は選択肢もなく、もう1人の男子部員の鈴木《すずき》くんとコンビを組むことにした。コンビ名は「コロコロコミックス」。昔過ぎてちょっと覚えてないけど、『コロコロコミック』の小学生じみたバカみたいな笑いが好きだったから、そんなコントができたらいいなと、そう考えて名付けた気がする。

当時、落研には1学年にコンビは1組ずつで、3組しかいなかった。僕らを入れても4組だ。しかも、4年生は就職活動でライブに出られない。

3組だけの短いライブ。僕は人生で初めてネタを書いた。自分がやるなら、やはりボケだ。しかし、鈴木くんはのんびりした人で、ツッコミタイプじゃない。とすると、2人でやるのはコントだなと考えた。

初めて作ったのは「進路相談」というコントで、内容はこうだ。

僕は先生役で、生徒の鈴木くんの進路相談にのる。生徒は何を聞いてもやる気がない。そこで先生が「子供の頃でもいいから、なりたかったものはないのか？」と問うと、生徒の鈴木くんは冗談で「パーマンになりたかったなー」という。すると先生は「パーマンにならなれるよ」とまさかの返答をして、知り合いのバードマンにあたってくれるというものだった（※バードマンはパーマンの師匠という設定）。

これが結構ウケた。それを4年生の先輩の水谷《みずたに》さんが見てくれていて、めちゃくちゃ褒められた。その先輩は落研の伝説の先輩だった。「トリニトロトルエン」という関西弁の漫才コンビをやっていて、「めちゃ面白い」と3年生の先輩から教えられていた。その人に褒められたので、僕はすっかりその気になった。

授業中ずっとネタを書いては、月1のライブを提案して実行した。コンビが少ないのでネタを2本やったりして、なんとかライブ時間をもたせた。宣伝もみんなあまりやる気がないので、自らチラシを作って休み時間に配った。ただ配っても誰も観に来てくれないので、なるべく面白いことを喋《しゃべ》りながら、一人一人を笑わせることを心がけた。

そんなことをしているうちに、なんとか50人くらいはライブに来てくれるようになっていた。

「プロを目指しているんですか？」「まさか〜」

学内だけでライブをやっていると、今度は外でやりたくなってくる。そんなある日「笑っていいとも！」を観ていたら、あるコーナーが目に留まった。

それは、素人が芸を見せるというもので、勝ち抜き形式だった。そこにちょうど出ていたのはショートコントをやる2人組で、何週かを勝ち抜いて人気者になっていた。

「これだったら勝てそうだな」と思い、僕たちは挑戦することにした。「コロコロコミックス」で出ても良かったが、ショートコントは作ったことがない。そこで、落研の中でも一番センスがあると睨《にら》んでいた3年生の〝ヒロさん〟こと広原《ひろはら》さんに声をかけ、3人組で出ることにした。コンビ名は「お・こ・め」。3人組だから、3文字で不思議な感じを演出したかったんだと思う。

ネタはあっという間にできた。設定はトイレ。男Aが洋式の大便器に座っている。そこに2人の男B、Cがやってくる。どうやら男Bは大をしたいらしい。用を足し終えた男Aが出ていくと、男Bは急いでトイレに入る。そこで「人が入ったあとの便座って生暖かいから嫌なんだよなー」と言って座ると、便座がめちゃくちゃ熱くて「あちちっ！　あいつどんなケツしてんだよ！」というネタだった。僕らはめちゃくちゃ笑って「こりゃいけるぞ！」とネタ合わせの後に意気揚々と家に帰った。

次の日、新宿アルタの前に朝9時に集合して、オーディションを受けに行った。オーディションとはいえ「笑っていいとも！」の本番用のセットを使って行われるようだ。

僕らはすっかり緊張していた。大学以外でネタをやったことがなかったし、しかも国民的番組の「笑っていいとも！」だ。緊張しないわけがない。

オーディションが始まり、いろいろな人が芸を見せていく。僕らの前はマッチに火をつけて、ギリギリまで持っていられるという芸だった。挑戦したのが初めてだったのか、思ったよりも熱かったらしく、すぐ離してしまっていた。

「お・こ・めさん、お願いします！」

いよいよ僕らの番だ。すっかり雰囲気に飲み込まれていた僕らは、前の日に爆笑しながら作ったネタにまったく自信がもてなくなっていた。

そもそもネタ見せというものをやったことがないので、3人とも声が全然小さかった。まったくウケない。客席を見ると、ショートコントをやって勝ち抜いていた2人組がバカにした顔でこっちを見ていた。

司会をしていたADの人がネタを終えた僕らにマイクを向けて言った。

「プロを目指しているんですか？」

僕らは何だか恥ずかしくなって、ヘラヘラしながら小さい声で言った。

「まさか〜」

その後もオーディションは続いたが、そこからはまったく覚えていない。

そして、案の定落選。落選者はそのまま解散なので、すぐに帰らなければいけなかった。オーディション参加者全員に記念のボールペンが配られた。それを持ってアルタのエレベーターに乗った。エレベーターはマッチに火をつけギリギリまで持っていられる人と一緒だった。マッチに火をつけギリギリまで持っていられる人の指は火傷《やけど》で腫れていた。痛いのか、しきりに指を舐《な》めている。

外に出ると、3人でアルタ前の広場に腰掛けてボーっとした。

落研のみんなに何も言わずに来たのが、せめてもの救いだった。

悔しさからか、しばらくまるでやる気が起きなかった。何分座っていただろう。ヒロさんがおもむろにカバンからノートを取り出して、さっきもらったボールペンでグルグルグルグルと円を描き始めた。何ページも何ページも描いていった。

「このボールペン描きやすいね」

僕は笑って「マジっすか！」と言って、自分のボールペンで一緒にグルグル円を描いた。鈴木くんも描いた。描いているうちにどうでもよくなってきて、3人で電車に乗って大学に帰った。

大学1年生の1年間は、ほぼ落研の活動しかしていなかった。というか、18歳から今までやってることは変わっていない。27年間落研の活動をしていると言ってもいいかもしれない。ライブを企画する。告知する。ネタを考える。練習。本番。以上を27年間ひたすら繰り返して今に至る。何かの本で「なんでも10年やれたら本物だ」みたいなことを読んだ時、「わー長げー」と思ったが、振り返ればゆうに20年を超えている。

そんな将来のことなんてなにもわからない1年生の僕は、すっかりネタを作ることにハマっていた。

「これがイジリというやつか」

高校時代は音楽ばかり聴いていたし、当時ネタ番組なんて、テレビではほとんどやっていなかったから、芸人のネタがどんなものなのか、まったく知らなかった。

先輩からいろいろ聞きたかった。だけど、部員は少ないし、部室もないしで全然活動ができない。そこで、先輩の家に行って直接話すのがいいと思った。

中でもよく行ったのが、落研伝説の先輩コンビ「トリニトロトルエン」の水谷さん（4年生）と上山《うえやま》さん（留年して3年生）、センスを感じるものの特になんの伝説もなくコンビも結成せず、ネタもやってなかったヒロさん（3年生）の家だった。

水谷さんは、そもそも潰れていた落研を復活させた人だった。水谷さんの家は本やビデオの宝庫で、いろんなことを教えてもらった。中島《なかじま》らもさんの本も全部水谷さんに借りて読んだ。関西の漫才もたくさん見せてくれた。雨上《あめあ》がり決死隊《けっしたい》さんの漫才を初めて見たのは水谷さんの家だった。確か酔っ払いのお客さんがタクシーに乗ってくるネタで、何かの大賞をとっていた。ダウンタウンさんの伝説の番組「4時ですよーだ」もそこで観た。

水谷さんは音楽もやっていた。ＹＭＯ好きでキーボードが家にあり、作曲もしていた。「野生のプリ」というオリジナル曲を聴かせてもらったりした。後々、落研ライブでもオープニングに演奏してもらった。

ある時は「カレーを作ってあげる」と言われたので行くと、お香が焚かれ、インド音楽が流れていた。「うちはインド式やから、スプーンを使わず右手で食べなあかんで」と言われ、疑いもせず右手で食べようとすると、ご飯もカレーもめちゃめちゃ熱い。火傷しそうになりながら食っていると、水谷さんは普通にスプーンを使っていた。

そんなふうに、「これがイジリというやつか」と感動したこともあった。

同じく、トリニトロトルエンの上山さんの家にもよく行った。上山さんとは音楽の趣味が合った。「レディオヘッド」がデビューしたばかりだったから、一緒によくファーストアルバムを聴いては感想を言い合ったりした。

上山さんは村上春樹《むらかみはるき》が好きで「まあ読んでみ」と言われて何冊か借りた。僕はすっかりハマってしまい、発売されていた本はすべて読んだ。一時期は無口に憧れ「よくわからないんだ」を多用したり、友達がいないフリをしていたほどだった。物凄く眠い時は「冬眠前の熊みたいにひどく眠いんだ」と言ったり、黒い服を「まるで世界中の誰にも気付かれたくないような黒さの服」とたとえたりした。当時の村上春樹の小説の主人公が大学生くらいだったから、ちょうど自分に重ね合わせて読めたんだろう。まったくモテないから、まったく違うんだけど。なにより貧乏だったし。

それから、「笑っていいとも！」のオーディションにも一緒に行ったヒロさん。僕は竹《たけ》中直人《なかなおと》さんが好きで、そこからシティボーイズさんが好きになり、作・演出をやっていた宮沢章夫《みやざわあきお》さんを知った。著作を読むとめちゃくちゃ面白い。そんな話が一番合うのがヒロさんだった。ヒロさんは東京のお笑いのビデオをたくさん持っていた。春風亭昇太《しゅんぷうていしょうた》さんもヒロさんに教えてもらい、落語も面白いんだなと思った。ヒロさんにはよくネタを見せてアドバイスをもらった。そして、27年経った今でもヒロさんにネタを見せている。

レディオヘッドの「クリープ」を聴いて、村上春樹読んで中島らも読みながら、コラムニストと呼ばれているあらゆる人の本を読みつつ、落語を観に行ったり、関西や東京の昔の漫才やお笑い番組をたらふく観ていた毎日。今考えると、ほぼこの1年間で将来が決定したと言ってもいいかもしれない。この3人からは多大な影響を受けたと思う。

またある時は、関西出身の2年生の先輩が、関西のローカルテレビでやっていたコントや漫才を録画したビデオを貸してくれた。

その先輩のコンビはライブでもウケていて、いつもネタを作るのが早かった。ありがたく借りて見始めると、なんだか見たことあるネタばかりだった。というか、その先輩がやっていたネタばかりだった。東京ではやってない番組なのをいいことに、パクりまくっていたのだ。よくこれを貸してくれたなと思った。バカなのかなとも思った。だって、自分がパクってるのが丸わかりのビデオを貸して「これで勉強しろ」ってヤバいでしょ？　最初は腹が立ったが段々と笑えてきて、最後には「この先輩面白いなー」と思えた。

その後、この先輩をイジりにイジることですっかり仲良くなった。人間のどうしようもない部分を笑いに変えると面白いってのを学ばせてもらったのかもしれない。

ありがとう、パクリのホネっち先輩！

「スターがやってきたな」

落研の伝説の先輩、水谷さんから「次はやついが部長な！」と言われていたので、1年生なのにライブの日程や内容なんかも率先して考えるようになっていた。

それまでのライブは教室の教壇をどけて、右と左に袖だけ置いた形でやっていた。しかし、僕は教室感丸出しの黒板の前でやるのが嫌で、大きい紙を買ってきてそこに絵を描いて黒板に貼り、教室ではなく見えるよう心がけたりした。

そんな努力も実ったのか、学内の一部からは「落研はなかなか面白い」との評判をもらうようになっていた。

それでも世間は冷たい。素人の芸はなかなか見てもらえない。先輩がプロになってくれたら「あのコンビがいた落研なんだ！」ってなって、もっとお客さんが来てくれるかなとも考えたが、「トリニトロトルエン」の水谷さんも上山さんもプロになるつもりはないようだった。地道にやるしかない。

4年生が卒業し、3年生が就職活動で出られなくなった落研には、僕らのコンビ「コロコロコミックス」、2年生でガリガリメガネの〝ホネっち先輩〟こと田中《たなか》さんと、五分刈りメガネの〝ごっちゃん先輩〟こと後藤《ごとう》さんのコンビ「ラ・呼吸困難《こきゅうこんなん》」しか、ほぼいなくなっていた。僕は部員の絶対的な少なさを解決しないといけないと考え、危機的状況を打開すべく、新入生歓迎ライブをやることにした。

僕が1年生の時はライブも何もなかったので、落研に入りたくても自分でアプローチするしかなかった。ライブをやっていれば、観て面白ければ、たくさんの新入生が入ってくれると思ったのだ。

必死に勧誘し、たくさんの1年生に新入生歓迎ライブに来てもらった。2組しかいないコンビで2本ずつネタをやり、ライブのボリュームも出してなんとか成功した。なかなか上出来なライブにすることができた。

アンケートを見ると、入部希望者が結構いた。これで月1のライブも楽になる。入部希望と書いてある中に混じって、気になるものが1枚あった。そのアンケートにはこう書いてあった。

「あなたのコンビはなかなか面白いけど、もっと面白いグループを私は知っている」

すぐに知り合いに聞いたところ、高校の文化祭でコントを披露していたような子たちが「落研に入りたい」と言っているらしく、その友達が書いたコメントだった。挑戦的な内容に色めき立つ落研部員。

入部希望者はライブ後に集まってもらったが、そこにそれらしき者はいなかった。10名ほどの入部希望者がいたので、すぐに新入生を含めてライブをすることに決めた。10人いれば5組できる。僕らのコンビと「ラ・呼吸困難」を足せば7組にもなる。ちゃんとしたライブをできる陣容だ。入部希望者たちは思い思いにコンビを組み、ネタ作りを開始した。

後日、ライブをするための新入生コンビによるネタ見せが開かれた。そのグループは颯《さっ》爽《そう》と現れた。小気味良いショートコントを持って。そのグループを率いる男こそ、のちにコンビを組むことになる今《いま》立《だち》進《すすむ》だった。

コンビ名もないのが当たり前の新入生の中、いきなり「ジ・アンチョビー」というコンビ名持ちグループの登場。高校時代からコントをやっていたというだけに、既に持ちネタもあるらしい。高校時代は「トリオTHE連立政権《れんりつせいけん》」というトリオで、学園祭のヒーローになっていたそうだ。

彼らはショートコントを得意とし、コントとコントのクッションでは「トリオTHE！連立!!政権!!!」と、セリフを分け一人一人が順番に右手を上げていき、最終的にフィッシュマンズの『宇宙 日本 世田谷』のジャケットのような形になり決めるというスタイルを確立していた、と同級生のやつが嬉々として語っていた。

いよいよネタ見せが始まった。

さすがに初めてのコンビでの、初めてのネタ見せということもあり、なかなか厳しいコンビが続いていた。こりゃ、かなり大変だなと思っていると、「ジ・アンチョビー」の出番が回ってきた。「トリオTHE連立政権」から1人抜けてコンビになっていた。

始まったコントは、「ダチくん刑事」という刑事ものだった。移動するシーンで動きを合わせたり、随所に芸歴を感じさせるネタで笑いを取る。やり慣れた相方とのコンビだけに息もバッチリ合っている。同期たちに何馬身もの差をつけた「ジ・アンチョビー」。

「こりゃ即戦力だ！」

そうみんなが感じていた。

ヒロさんが僕に言った。

「スターがやってきたな」


そんな中、もう1人天才が入ってきていた。その男は今立の高校の同級生だった。卒業アルバムの「この学校で面白い人ランキング」で、今立を抑えて堂々1位にランキングされた男、小《こ》松《まつ》沢《ざわ》弘《ひろし》が高校の友達を連れてネタ見せに参加していたのだった。

小松沢も高校時代には「パイ毛 ザ ダブルショック」というコンビで人気者だったらしい。その中からウケたショートコントだけを集めたネタを披露し、笑いをさらった。

大きい声に大きい動き。表現力が異常にあり、照れがまったくない。

「こりゃ即戦力だ！」

再び、そうみんなが感じた。

また、ヒロさんが僕に寄ってきて言った。

「スターがやってきたな」

落研の危機を救ったのはガストだった

新入生ライブは人気者が2人も入ったことで、なかなかの大入りだった。かなりの盛り上がりで終えることができた。

しかし、お笑いは厳しい。新入生コンビの残り3組はまったくウケなかった。落研に入ってくるくらいの子たちだから、少なからず笑いに自信があっただろう。でも、見るのとやるのとではまったく違う。すっかり自信をなくした3組は、それからあまり部活には来なくなっていった。

その中の1人に、澤田《さわだ》という男がいた。

僕はまったく面白さを見出せていなかったが、ヒロさんは違った。新入生ライブで恐ろしくスベっていた「サッカーネタ」の中での、ドリブルの動きに光るものを感じていたらしい。言われてみれば、確かにちょっと人間離れした動きをしていた。顔も浅黒くて、舌ったらずの喋り方が面白味に溢《あふ》れていた。

澤田の相方は最初のライブでスベったのが辛すぎてコンビを解散した。その後は違うやつと組み、関西の芸人のパクリネタをネタ見せで披露し、パクリを指摘されて部を去っていった。スベったあとの新入生は、みんな揃いも揃ってプロのネタをパクって持ってきた。その頃の僕は、ありとあらゆるネタを見た後だったので、すぐパクリに気付いて、ことごとく指摘した。オリジナル感を出させてからの「パクリ指摘」はかなりの衝撃をもたらすらしく、ことごとく辞めていった。

そんなこんなで、澤田は1人になっていた。このままでは、こいつも辞めてしまう。変な才能を惜しんだヒロさんは、澤田の天然を生かした漫才コンビを組むことを決意。澤田とヒロさんで「ポゲムタ6年生」が結成された。

ポゲムタ6年生のベースはキャイ〜ンさんの漫才だった。ヒロさんが丁寧にネタ振りをして澤田が天然で落とす。おかげでポゲムタ6年生の漫才は大爆笑をかっさらった。

僕は面白くない人っていないんだな、そうじゃない人は、うまく引き出せてないだけなんだな、ということを学んだ。

落研には、僕と鈴木くんの「コロコロコミックス」、ホネっち先輩とごっちゃん先輩の「ラ・呼吸困難」、今立率いる「ジ・アンチョビー」、小松沢率いる「パイ毛 ザ ダブルショック」改め「モンゲ ザ ダイナマイト」、澤田とヒロさんの「ポゲムタ6年生」と確実に笑いが取れる駒が揃ってきた。

これで良いライブができるぞ！ と思ったのも束の間、自分たち以外のすべてのコンビが解散してしまうという、まさかの危機がそこまで迫っていた。

初めに解散したのは、3年生のガリガリメガネのホネっち先輩と、五分刈りメガネのごっちゃん先輩のコンビ「ラ・呼吸困難」だった。ライブではウケていたが、ホネっち先輩がネタをパクっていたことが発覚して、それを知ったごっちゃん先輩が「こんな恥ずかしいことはない」と解散を決意したのだった。

ごっちゃん先輩は電気《でんき》グルーヴが大好きで、その辺で僕と趣味が合って、よく「オールナイトニッポン」の話をしたりした。「ガスト」を教えてくれたのもごっちゃん先輩だった。ある日、ごっちゃん先輩が「とんでもない店を発見した!!」とその存在を落研に伝えた。

「ハンバーグが580円だって！」と騒然としたもんだ。今や当たり前だけど、当時は半額セールくらいの感覚だった。

そんなごっちゃん先輩が、僕の家の電話からホネっち先輩に解散の電話をかけた。

僕は「これは面白いのが録れそうだ」と、深刻な顔を作りながら留守電機能を使って会話を録音した。それをヒロさんや今立に報告し、みんなで鑑賞会を開くなど今に繋がるセンスを発揮する僕。

そのとき飛び出した、ホネっち先輩の深刻な声の「パクってごめんなー」は落研で一時流行りのフレーズになった。どう考えてもひどい後輩ではあるのだが、電気グルーヴ好きのセンスがそれをさせたと考えていただきたい。

こうして「ラ・呼吸困難」は解散した。ごっちゃん先輩は「公務員試験の準備をする」と落研を去っていった。若干の寂しさはあったがしょうがない。


新しいメンバーで進んでいこうと決意した矢先、天才ガッチリメガネの小松沢弘、通称〝こまっちゃん〟率いる「モンゲ ザ ダイナマイト」も解散してしまった。そもそもボート部に所属していた友達を無理やり誘って結成されたコンビだったため、長く続けるのは困難だったらしい。

1人になったこまっちゃんは、仕方なく今立率いる「ジ・アンチョビー」に入れてもらえないかと打診するが、コンビ名が示す通りの方向性の違いから加入を断られていた。

ライブで爆笑をかっさらっていた2組の相次ぐ解散は落研に衝撃を与えた。

そこで僕は当面の問題を解決するべく、ホネっち先輩とこまっちゃんにコンビを組むことを提案した。ホネっち先輩は良いが、こまっちゃんはホネっち先輩に対してネタをパクるつまらない先輩というイメージが強く、なかなか首を縦に振ってくれない。でも、ネタはやりたい。その2つの思いの間で揺れているように見えた。

そこで僕は一計を案じた。当時、貧乏をこじらせていたこまっちゃんをガストに連れ出し、ハンバーグを食べさせ、和んだところでコンビ結成を提案するというプランを立てて実行したのだ。

案の定、上機嫌になったこまっちゃんへの説得はうまくいき、晴れてホネっち先輩とこまっちゃんのコンビ「Bダッシュ」が結成されたのだった。2人にコンビを組ませた恩人、それは図らずも部を去っていった、ごっちゃん先輩が落研にもたらしたガストのハンバーグだった。

落研のメンバーで、「ラ・呼吸困難」「モンゲ ザ ダイナマイト」の次に解散したのは、澤田とヒロさんのコンビ「ポゲムタ6年生」だった。それは、ヒロさんの卒業という如何ともしがたい事情での解散だった。

浅黒で舌足らず、変な身体の動きを持つ澤田を見事蘇生させたヒロさんの卒業。これは落研にとってかなりの痛手だった。かくいう自分も、ヒロさんにネタを見てもらっていたので、これから一体誰にアドバイスをもらえばいいのかと不安になった。

ただ、ヒロさんは本来裏方向きの人で、ネタを聞いた時は面白いが、ヒロさんがやると少し小さくなる傾向があり（そこがまた愛されていたのだが）、プロの芸人になるつもりもないらしかった。

お笑いに関わる仕事にも興味があるようだったがパイプもないし、安定した仕事に就くつもりだと郵便局の試験を受けていた。僕はその才能を惜しみ、「放送作家になったらいいのでは？」と言ったが、なかなか難しいようだった。

そうなると、再び澤田が余ってしまう。誰も乗りこなせない暴れ馬のような男だ。澤田はピン芸をやると言っていたが、そもそも滑舌が悪く、何を言っているかわからないことを指摘されて笑いを取っていただけに、それは無理じゃないかとみんな思っていた。

そして、案の定無理だった。

これで3組だけになってしまうな、と思っていた矢先、まさかの次世代エースの呼び声高い「ジ・アンチョビー」までもが、相方の司法試験挑戦で解散してしまったのである。

そこに急浮上したのが澤田であった。僕は今立が普段喋っている時に見せる言葉のチョイスの端々から、ボケよりツッコミの能力が高いように感じていた。そして、澤田はボケしかできない。

ヒロさんが澤田のために作った漫才は、ボケの可愛さとツッコミのフレーズで笑いを取っていくスタイルだ。ぴったりだった。今立も「ポゲムタ6年生」の漫才を観て、自分がやるならツッコミしかないと感じたらしく、話はトントン拍子に進み、今立と澤田のニューコンビ「ポゲムタ」が結成されたのだった。

そしてこのコンビは2年後、「全国大学対抗お笑い選手権大会」で日本一に輝くコンビに成長するのだが、それもまた後の話。

「顔じゃないんだ、やる気なんだ」

落研に入部した時、活動している部員は4年生の「トリニトロトルエン」水谷さん、上山さん（留年中で3年生2回目）、3年生のヒロさん、坂本《さかもと》さん（初登場。ほぼ来ないが一応部長）、2年生のホネっち先輩、ごっちゃん先輩、大成《おおなる》さん（初登場。自由気ままに活動）、古川《ふるかわ》さん（初登場。2年から入部）の、8人ほどの弱小クラブだった。

そのせいか、部室も空手部に奪われていた。空手部は、日頃の落研の何もやってなさに目を付け、誰もいない落研部室に侵入して写真を撮り、大学側に「こんなに何もやってない部活に部室を与えているのはおかしい」と訴え、見事に部室を奪っていったそうだ。さすがにそれはないだろうと先輩たちも思ったようだが、相手が空手部ということで泣き寝入りだったらしい。部室奪還のためにも力を付けなければいけない。

学内には力のある目立つクラブがたくさんあり、中でもダンス部は世界大会で2位になったとかで、部員１００人を超える大人気のクラブだった。対して、落研は存在すら知らない人がほとんどだった。我々落研のよく集まる食堂の横が体育館で、その入り口がガラス張りになっているため、ダンス部はそこに自分を映して練習をしていた。

小沢《おざわ》健二《けんじ》の『ＬＩＦＥ』の世界を地でいくようなキラキラした１００人の男女が、ダボダボした服を着て、ガラスに反射する自分たちの姿を見ながら踊りを確認し合っている。

その様を横目に早歩きで通り過ぎる。「見せつけやがって！」とやっかみ１００パーセントでツバを吐き、部室もない僕らは食堂のいつもの場所で汚い男だらけの部員たちと落ち合い「女の子を入れるのが重要だよね」なんてことを喋る毎日だった。僕は「落研の部員を１００人にして大学で一番のクラブにしますよ！」と夢をぶち上げた。現実は食堂で8人だったんだけど。

やがて1年が経ち、人気者の新入部員が結構入ってくれたこともあり、徐々にではあるが、落研は学内でも知られる部になってきていた。そこで、あらためて女子部員をたくさん入れようという話になった。

今立と小松沢の2人は、「兼部でいいなら入る」と可愛い子を2人連れてきた。その1人の谷《たに》さんが「私たちは名前だけ入る感じだけど、私の友達にとても落研に入りたがってる女の子がいるんです」と言ってきた。可愛い2人の友達である。

「これは可愛いんじゃないか？　いや可愛いに決まっている！」

部のマドンナになるんじゃないかと色めき立つ落研部員。

「じゃ、この日のこの時間にこの教室に連れて来て」と約束を取る。

僕は早速いつもの食堂に行き、先輩たちに報告した。色めき立つ先輩たち。可愛い子が連れてくる落研に入りたがってる女の子を一目見ようと、当日は男部員全員集まったんじゃないかというほどの大結集だった。なかなか落研に出てきていなかった僕の一つ上の先輩「甚八《じんぱち》ネッズ」として不定期活動をしていた大成さんまでもが顔を出した。

今か今かと待つ我々。

不意にドアが開く。谷さんが立っている。

「入って」と後ろに声をかけた。

いよいよ登場だ。
谷さんの後ろに隠れた、落研に入りたがってる女の子の姿が僕らの目の前に現れた。
誰も一言も喋らなかった。
「可愛い子の友達は可愛いわけではない」ということの世の摂理を知った。
大成さんが帰り際に僕に向けた目を今も忘れない。
しかし、その時入部した女の子は最後まで活躍してくれた。
可愛い2人はまったく来なくなった。
結局、顔じゃない。やる気なんだって話！

「渋谷にはそこそこオシャレをしていかないとまずいだろ」という話になった

僕は何とか落研の知名度を上げたいと考えていた。実績を上げるのが一番だが、そもそもスポーツ系の部活と違い、全国的な大会のないお笑いのクラブに実績なんてものは作りようがなかった。

そこで学内で、いかに落研が面白いクラブかをアピールする必要があると思った。ライブのチラシを渡す時に面白い渡し方をしたりして、地道な活動が続いていた。

もっとインパクトのあるやり方はないか。そんな時、ごっちゃん先輩が「無名な人のサイン会をしたら面白いんじゃないかな」とボソッと言った。

そうして始まったのが「無名人サイン会」だった。有名人のサインはみんな欲しがるが、

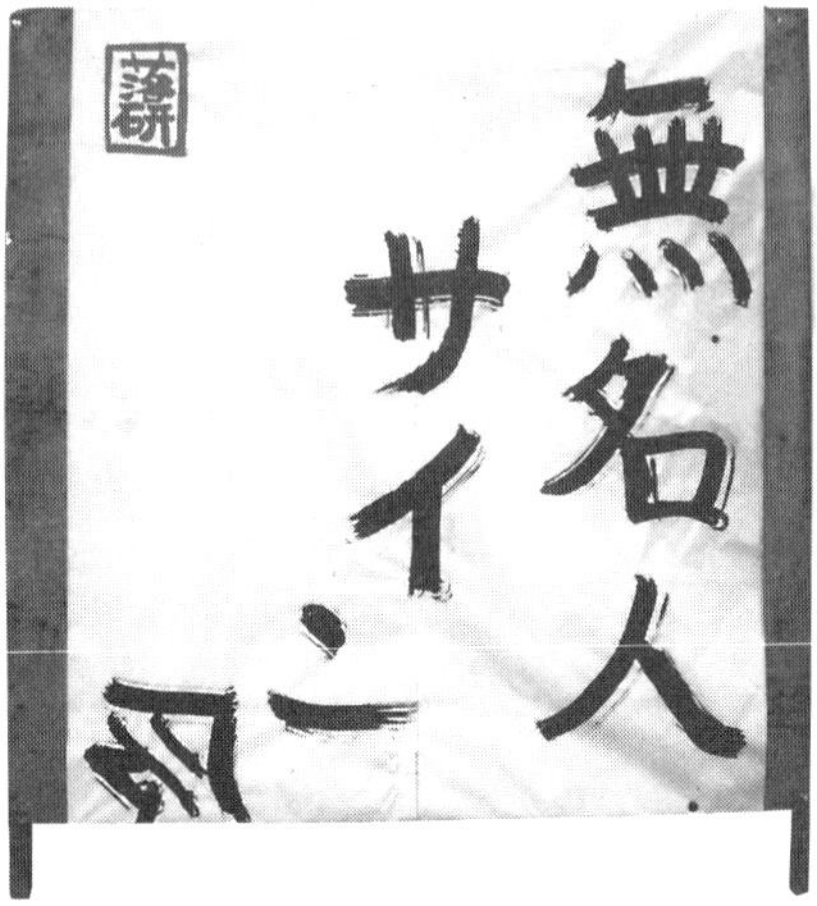

無名な人のサインは欲しがらない。でも、もしかしたら誰もやらないだけで、欲しがる人がいるかもしれない。そこで無名な我々のサイン会を企画し、学校の一番目立つところに看板を立て、机と椅子を置いて特設サイン会場を作った。

ポツンと座るごっちゃん先輩。笑いながら通り過ぎて行く人がほとんどだが、こちらもそれでいいのだ。「なんか面白いことやってるな」っていうイメージを作るためにやっているわけだから、それで大成功だった。そのうちサインをもらう人もちらほら現れたりして、逆にビックリした。いらないだろ、無名人のサイン。

僕の入る前の先輩たちが、違うクラブの立て看板の上に自分たちのチラシを貼るという、若さ故の無頼《ぶらい》な活動をしていたお陰ですこぶる悪かった落研のイメージも、少しずつだが良くなってきていた。

そして、そろそろ外に出て、自分たちがやっているネタが本当に面白いのかを試してみたくなっていた。それは実績にもつながると思ったし、また部員たちのモチベーションを維持するためにも目標が必要だと感じていた。甲子園のようなお笑いの大会があれば……。

悩んだ結果、ないなら作ればいいんじゃないかと気付いた。他の大学の落研も似たようなことを感じているはずだ。声をかければたくさんの大学が賛同してくれるかもしれない。そうして近くにある大学の落研に声をかけていった。

そんなある日、互いの大学のライブに出たりと、それまでになかった新鮮な活動をしている中、今立が新聞の切り抜きを持ってきた。

「第1回全国大学対抗お笑い選手権大会」開催の記事は、落研に激震をもたらした。自分たちでやろうとしていた「お笑い大学日本一」を決める大会が、まさかちゃんとした形で始まるとは！　まさに驚きと興奮だった。

「第1回全国大学対抗お笑い選手権大会」はもう参加を締め切っていたが、決勝戦が渋谷で行われると記事にあった。ただ、第1回というくらいだから、第2回、第3回と続けていくつもりであることもうかがえた。これは参加しなければいけない。

自分たちは学内ではウケているが、どれくらい面白いのかまったくわからない。少しずつ自信も育ってきていたが、まずは敵を知らなければいけない。ということで、部長になった3年のホネっち先輩と2年の僕、1年の今立で決勝を観に行くことにした。

大会は渋谷の、現在「ヨシモト∞《むげんだい》ホール」になっている場所で行われた。当時の渋谷はピチカート・ファイヴなど渋谷系の音楽が全盛で、オシャレな人たちが多く集まる街ではあったが、同時にチーマーも全盛で危険な場所という噂が広がっていたため、今になったら笑えるが、僕ら3人は必ず固まって行動しようと決めていた。

今立は東京出身だし慣れているが、僕とホネっち先輩はバリバリの地方出身者だった。「渋谷にはそこそこオシャレをしていかないとまずいだろ」という話になった。

今では見る影もないが、当時の今立はオシャレで通っていた。その時もシャツにジーンズ地のペインターパンツと、何気ないシャツのボタンはすべて取られ、代わりに安全ピンが付けられており、それでシャツを留めるという一工夫がなされていた。

渋谷の高層ビルに勝るとも劣らないオシャレ意識の高さ！　このエピソード一つでもそのオシャレ度がうかがい知れようが、まだまだある。当時の今立はスウォッチを集めていて、いつも違うものを着けていた。中でも僕が印象に残っているセリフはこれだ。

「デ・キリコが好きなんですよ。だからデ・キリコのスウォッチあると、つい買っちゃうんですよねー」

当時の今立がいかにオシャレ意識の高い男だったか、このセリフに結実されていると言えよう。

僕は当時よく着ていた古着のパーカーで渋谷に向かった。

問題は先輩だ。何しろ普段からダサいことでお馴染みだった。渋谷という街に溶け込むために「そこそこのオシャレを」とドレスコードを設けたというのに、その日のホネっち先輩は汚いジーンズにもーれつア太郎のニャロメが前面に描かれた灰色のトレーナー、袖の焼けたMA－1を羽織って現れた。これが先輩のオシャレなのだ。どこからどう見てもカッコ悪かった。

「MA－1の袖が焼けている」という描写が気になった方のために説明すると、これは僕らが燃やした跡だった。というのも当時MA－1は巷で大流行していて、偽物が多く出回っていた。そんな時、ライブ会議の最中に、ホネっち先輩がいつも着ているMA－1も、どうせ偽物だろうという話になり、本物だと言い張るホネっち先輩に「本物は火に強く、燃えないらしい。燃やしてみたら本物か偽物かすぐわかる！」と僕が言うと、先輩も承諾。ついにはライブで実験をやることになった。

いざライターの火を近づけると、案の定あっという間に溶けて偽物ということになったのだが、今にして思うと、本物は燃えないって話はそもそも本当だったのかな？　と疑問が浮かんでくるわけだけど。

というわけで、ホネっち先輩のMA－1の袖は焼けているのだ。こうして「安全ピン・デ・キリコスウォッチ男」と「ニャロメ焦げMA－1男」と「古着パーカー男」の3人は渋谷に集った。結局のところ、いろいろ気にしつつも、ただの貧乏大学生ファッションで会場に向かった僕ら3人であった。

会場に着いて様子をうかがうと、大会には有名大学のお笑い研究会が名を連ねていた。ルールは大学対抗の団体戦だ。1大学4組でネタを披露して争われる。

僕は何故か少し緊張していた。ホネっち先輩も今立も言葉が少ない。プロも輩出している有名大学だけにレベルが高いに違いない、との思いが緊張を生んでいたのかもしれない。

しかし、大会が始まりネタを見ていくうちに、緊張も消え去った。「これ、全然戦えるわ」という思いに変わっていった。というかハッキリ言って「こりゃ、優勝するわ」と思った。何組か面白いコンビはいたものの、大学対抗となると同じ大学のコンビのレベルに開きがあり、なかなか全部面白い大学はなかった。その点、我々はホネっち先輩とこまっちゃんの「Bダッシュ」、今立と澤田の「ポゲムタ」、そして「コロコロコミックス」と確実にウケるコンビが3組いる。あともう1組なんとかすれば、いけると確信した。

ホネっち先輩に「どうでした?」と話しかけると、優勝した大学のあるコンビを指して「あいつら大阪のプロのコンビのネタパクってたな〜。あれではアカンわ」と言った。「え! こんなちゃんとした大会でマジっすか!」と僕らは驚いたわけだが、「そもそもお前もパクってたことあるだろ!」という先輩へのツッコミも忘れなかった。

大会が終わり、主催している有名プロダクションの人に話を聞きにいった。するとと「第2回大会やるから参加してみて」と嬉しい言葉をいただき、ホクホク顔で落研に帰ったのだった。ただ、その人の目には一切の期待が感じられなかった。つまらないんだろうけど的な目線。「参加大学は多いほうがいいからね」くらいの気持ちなのだろう。しかし、常にそういう逆境で戦っていくのが僕ら落研だ。「見てろよ! 全部ひっくり返してやるからな!」と闘志に火がつくのを感じていた。

家賃1万8千円の青春

東京に出て来て最初に住んだのは、6畳1K風呂なしで4万円のアパートだった。駅前で繁華街からすぐ近かったが、大学までは自転車で30分ほどかかった。値段の割に風呂がないのが気になっていたが、家を探すこと自体が初めてで、あまり深く考えずにそこに決めてしまった。

引っ越してすぐに隣の人に挨拶に行ったら、大学生くらいの若い男が白いシルクのパジャマ姿で出てきて、寝る時の格好など気にしたことのなかった僕は「わ〜東京だな〜」と強く感じたのを覚えている。

このアパートは駅前なだけに治安が悪く、自転車にいたずらをされることがしばしばあった。ある日学校に行こうと玄関を出ると、自転車のサドルがなかった。しょうがないので30分立ち漕ぎで学校に行き、捨てられている自転車からサドルだけもらい家に帰った。次の日、またサドルがなかった。しょうがないのでまた立ち漕ぎで学校へ。今度はサドルがないまま家に戻った。これでもう盗られないだろう、そもそもサドルがないんだから。これからは別に立ち漕ぎで学校に行けばいいだけだしな。そう思って就寝した。

次の日起きると、自転車ごとなくなっていた。

そんなこんなで、こんなところに住んでいるのが嫌になり、いろんな先輩に相談したところ、「スサキ荘」というアパートが空くから、そこに住めば？　と言われた。

スサキ荘は学校からも近く、4畳半一間・トイレ風呂共同で1万8千円という驚きの安さだった。部屋は汚いし狭いが、一応共同風呂もある。トイレは汲み取り式で物凄い臭さだったが、お陰で悪さをするやつも寄ってこない。貧乏な学生にとってはありがたいことだらけだった。こうして僕は、スサキ荘に住むことになった。

今までの人生で誰と話しても、東京でスサキ荘より安い家賃のところに住んでいたやつに会ったことがない。もしかしたら東京一安かったんじゃないだろうか。その分、ここはかなりタフな環境だったと思う。

まず、引っ越しの日に、まだ前の住人が住んでいた。そのまま少し引っ越しを手伝って、すぐに入居したので、畳もなにもかもそのままだった。

そしていきなり死にかけた。喘息《ぜんそく》を持っている僕にとって、汚いところは最もダメだったのを忘れていた。ある時ちょっと調子悪いなーと思い、回復のために寝ていると、逆にドンドン悪くなっていき、最終的に声が出なくなるほど状態が悪化した。連絡が取れないので友達の間で死亡説が流れ、「死体を片付けに行くのは誰かを決めるジャンケン大会」が開かれたほどだった。負けた大津《おおつ》くんが家に来てくれたお陰でなんとか救い出され、即入院。ギリギリのところで生還したなんてこともあった。

ただ、人はどんな環境であれ順応していく。1年が過ぎる頃にはすっかり逞《たくま》しくなり、体調を崩すこともなくなった。酷い環境が自分を強くしてくれたのだった。

僕が2年生になった頃、落研新入生のスター、こまっちゃんが貧乏をこじらせてスサキ荘に引っ越してきた。部員が2人住んでいるからか、そのあたりから落研のみんなもよく遊びに来るようになった。夜中は大学内にいられないので、スサキ荘はまるで深夜の部室のようになっていった。そこで膨大な時間、馬鹿話ができる環境が生まれたことが、今になって振り返れば落研を強くしていったのかなと思う。

今立もちょくちょく遊びに来た。ある夜、スサキ荘で今立やこまっちゃんと次のライブを考えたりしていて、腹が減ったので僕が飯を作ってあげることになった。

当時の僕の主食は「プレーンパスタ」という料理だった。パスタをゆで、それをケチャップで炒めるだけの食べ物だったが、めちゃくちゃ安く作れる割に腹に溜まるのでよく食べていた。手際良くパスタをゆでて、ケチャップで炒める。「今回は自分が食うだけじゃなく後輩たちも食べるわけだから」と、あだち充《みつる》先生の名作漫画『タッチ』で描かれている南ちゃんの実家の喫茶「南風」のナポリタンみたいに、卵を下に敷いたスペシャルなプレーンパスタを作ってあげた。

今立は少しだけ食べるとフォークを置き、言った。

「コンビニでなんか買ってきます」

失礼なやつだと思ったが、こまっちゃんと僕は残ったプレーンパスタを食べ、今立は1人でコンビニで買ったカップヌードルを食べていた。しばらくすると今立は台所に立った。どうやらカップヌードルの汁を捨てようとしているらしかった。それを知ったこまっちゃんが今立に向かって叫んだ。

「待って！　汁ちょうだい。ご飯入れて雑炊にするから！」

この逞しさ！　僕はさすがにそこまでは考えが及ばなかった。くそ！　やられたと思った。「さすが、こまっちゃんだな！」としきりに言っている僕らを呆れた目で見つめる今立であった。カップヌードルのＣＭで「ｈｕｎｇｒｙ？」ってのがあったけど、まさに僕らのことだった。

大学対抗お笑い選手権大会の決勝から戻った僕は、スサキ荘でヒロさんやこまっちゃんたちにその日の内容を伝えた。

来年、ルールは若干変わるかもしれないが、大学対抗は変わらないだろう。となると、大事なのは総合力だ。自分たちのコンビさえ面白ければ勝てるわけではない。全体のレベルを上げないと勝てない。それまでもみんなでネタ見せはやっていたものの、自分たちもネタ作りがあり、後輩たちにアイデアを出してあげたりなどはできていなかった。

そのせいか、ネタがウケない部員たちはどんどん辞めていった。お陰でスターは入ったものの、部員はあまり増えなかった。これでは団体戦は厳しい。頭数が足りないのだ。これまでのやり方を根本的に変える時期にきていた。

新入生にかけるしかない！

ここで落研を変化させないと生き残れないかもしれない。

すべてのスタートの春はもうそこまで迫っていた。

新入生勧誘大作戦

1995年。阪神・淡路大震災と地下鉄サリン事件で幕を開けた年。僕は落研の部長に就任した。1年生の頃からほぼ部長のような仕事をしてきたが、3年生の春、晴れて公式に部長になったのだ。仕事もだいたいわかっていた。

しかし、今年はこれまでとはまったく違う。絶対的な目標がある。それは「うちの落研を大学日本一にする」ことだ。これは、僕が落研に入った1年生の時に決めた目標でもあった。当時はどうしていいかわからなかったが、今はお笑いの大会がある。ライブ以外、目標がなかった落研にやる気の炎が灯っていた。

「その実績をもって悲願の部室を奪還する！」

そう意気込んで、やつい部長時代が始まった。

真っ先にしたことは、ホネっち先輩に「学友会」という大学のクラブを統括している組織に入ってもらうことだった。ここがすべての部活を取り仕切っていた。落研部員が入ることで落研の実績が直で大学に伝わる。部室を取り戻すために、これは大事なことだった。なんでもそうだが、体制には反抗していても損しかないと思う。本当に変えたかったら、その組織の中枢に食い込まないとダメなのだ。ホネっち先輩も乗り気だったようで、ちょうど良かった。これで結果さえ出せば、部室を奪還できるかもしれない。そのためにも、新入生の確保は絶対条件だ。

ダンス部は派手なパフォーマンスと派手な実績で着実に新入生を奪っていくだろう。なんとしても明るいイメージで目立たないといけない。かと言って、いつものようにやってもこれまでと同じような結果になるだけだろう。

どうする？　悩んだ結果、「ターンテーブルでＤＪをやりながら人を集め、パフォーマンスをするのはどうだろう」と思い付いた。ダンス部がやりそうなことだが、当時はまだやっていなかったので、落研で先にやれば「ダンス部かな？」と思って集まった新入生にネタを見せることができる！　何人かは興味を持ってくれるかもしれない。

問題はターンテーブルだ。そんなものを持ってるやつは落研にはいなかった。

どうする？　1人の人物が浮かんだ。

「ケンポーなら持ってるんじゃないか？」

〝ケンポー〟こと高《たか》倉《くら》伸《のぶ》夫《お》は今立と同級生の今風の男だった。落研には入っていないが、よくライブを観に来てくれていて仲良くしていた。いつもダボっとした服を着ているので、DJの友達とかいるんじゃないかと思って聞くと、ビンゴだった。友達が持っているから借りてくれるという。

　このケンポー、あだ名の通り拳法を習っていたそうだが、ある時、今立に「めちゃめちゃ面白くないやつ」として紹介された。「やついさんに会う時はどこでも必ずコケるというのを決めてます！」とケンポーに言われた時は「面白いってそういうことかな？」と疑問に思ったものだが、徹底してやられると笑ってしまう。

　ケンポーはどこで会ってもコケてくれた。「ここはさすがに……」といった砂利道やボコボコしたところほど勢いよく転んで、怪我をしてくれた。その度に笑う僕。

　そうこうしているうちにケンポーは自信をつけたようで、これを機に落研に入りたいと言ってきた。「道でコケる」を1年やっていただけで、いつの間に自信が生まれたのかわからないが、「ネタが浮かんでしょうがないんスよ！」というので、ターンテーブルを借りるのと同時に入部してもらった。

その後は案の定、浮かんだ数々のネタでスベりまくっていたが、このケンポーが後々落研の危機を救うことになるのだから、未来はわからないものだよ。


そんなこんなで調達したターンテーブルとスピーカーを、大学の誰もが通る道に設置した。前に椅子を並べ、集まった人がネタを見やすいようにする。ＤＪなどやったことがなかったので、唯一持っていたスチャダラパーのレコードを延々とかけて、時々スクラッチなどを適当に入れ、それっぽく振る舞う。

この作戦は成功した。たくさんの新入生が「なんだか面白そう」と足を止めてくれたのだ。そこで、どんどんネタを披露していった。それまでは授業が終わった後にわざわざ会場まで来てもらってネタを見せていたが、これならフラッと見てもらえる。女の子もたくさん集まってくれて、華やかな雰囲気だった。

しかし、入部はそれとは別問題らしく、なかなか新入生は入ってこなかった。このままでは、ただ道でコケるだけの2年生ケンポーしか新入部員がいないことになる。

「マズイ！」そんな空気が漂い始めた。

勧誘作戦大成功！期待の新人来たる

新入生を獲得するべく「ターンテーブル作戦」を決行するも、苦戦を強いられていた中、とんでもない新入生がいるというニュースが落研に飛び込んできた。

高校生なのに、「ラ・ママ」の新人コント大会に出ていたコンビがうちの大学に入学しているというのだ。ラ・ママの新人コント大会といえば、渡《わた》辺《なべ》正《まさ》行《ゆき》さんが司会の東京若手の登竜門的ライブで、当時、爆笑問題さんやネプチューンさんが出ていたプロの芸人さんたちのライブだ。

そこに高校生でネタ見せに受かって出演するなど、普通はできない。これは超ド級の新人だ！　このコンビに入ってもらえれば、「Bダッシュ」「コロコロコミックス」「ポゲムタ」、そして1大学4組で競われる「全国大学対抗お笑い選手権大会」に挑むために探していた、最後のワンピースが埋まる。ヒロさん風に言えば「スターがやってきたな」である。なんとしても入部してもらいたい。本人たちも新人コント大会に出ているくらいだから、落研に興味はあるはずだ。

しかし、そんな思いは粉々に打ち砕かれることになる。

「川島《かわしま》くんはボクシング部に入るみたいです」

僕の眼の前に座る、期待の新入生コンビ「耳《みみ》なり」の1人、小川《おがわ》くんがそう言った。なんと高校生にしてラ・ママ新人コント大会に受かる逸材コンビ「耳なり」の相方は、ボクシング部に入部するらしいのだ。

そんな、あだち充先生の名作『タッチ』のタッちゃんみたいな展開、本当にあるのか！

まさか高橋留美子《たかはしるみこ》先生の『うる星やつら』の色紙1枚でボクシング部に売られたのではないのか？　と、『タッチ』を読んでいる人にしかわからないことを考えたりした。

そうか……。でも、それまでも兼部している部員はいた。「ボクシング部をやりながら落研にも所属してもらえばいいだけだ」と考えを前向きに方向転換して、小川くんと向き合う。

そして、この子は入ってくれるんだろうなと淡い期待を漂わせていた僕に、小川くんからも思いがけない言葉が投げかけられた。

「僕、音楽もやりたいんで、ライトミュージック部に入ろうかと思ってるんです」

まさかの展開だった。期待の新入生が2人とも違う部に入るつもりとは！

揃いかけていた最後のワンピースがどこかにいってしまうのを感じた。これでは絵が完成しない。なんとか入ってくれないかと思って喋っていると、小川くんから嬉しい言葉が飛び出した。

「落研にも興味があるんですよね。どっちに入ろうかな〜と悩んでるんですよ」

まったく興味がないのかと思っていたが、どうやら落研にも脈がありそうだ。小川くんが入ってくれれば、相方の川島くんもボクシング部の練習の傍ら落研のライブだけ出てもらうなんてこともできるだろう。

なんとか小川くん1人でも、入ってもらわないといけない。それからは大学で小川くんを見かけるたびに「落研に入んなよ」と言う、題して「小川くんを見かけるたびに落研に入んなよと言う作戦」を敢行した。

その度に小川くんは「う〜ん」と悩んでいたが、気持ちはだいぶ落研に傾いているように見えた。もう少しだ。そもそも小川くんは音楽もやりたいし、お笑いもやりたいから悩んでいる。これは、まさに僕が1年生の時に思っていたことと同じだった。だとしたら、説得は簡単だ。落研は笑いを取ることができれば何をやってもいいクラブ。音楽だって例外ではない。そもそも歴史を振り返れば、コメディアンのイメージの強い「クレイジーキャッツ」や「ザ・ドリフターズ」もバンドである。だから、落研には音楽をやりたい人間が入ってもいいのだ。

なので、ライトミュージック部では音楽しかできないが、落研ならお笑いも音楽もできるという理論、題して「落研ならお笑いも音楽もできる理論」を懇々と小川くんに説いた。しぶとい小川くんは、なかなか首を縦に振ってくれない。

そこで、もっと根本的な話をする。

「小川くんは音楽をやりたいみたいだけど、顔が面白いから絶対落研のほうがいいよ。ライトミュージック部に入って気持ち良く歌ったところで、面白い顔の人が歌っていると思われるだけだ。その点、落研に入れば小川くんのその面白い顔は武器になるよ！　小川くんの顔、面白いから！　絶対落研向きだよ！　いよっ！　面白い顔！」

夢見がちな18歳の若者に投げかける言葉としては、少々刺激的過ぎたかもしれない。18歳なんて美容院にカッコいい俳優の切り抜きを持っていって「これにしてください」なんてことを平気で言える年齢だ。自分を客観的に冷静に見られる年齢ではない。その18歳を捕まえてこの説得。吉と出るか凶と出るか。

しかも「君は顔が面白い」と言っている人間が僕である。「それはお前だろ！」という台詞が何度も湧き上がってきたことだろう。

ただ、僕には確信があった。小川くんは必ず落研に入る。何故なら面白い顔だから。

数日後、新入生ライブを行うために入部を希望する新入生に集まってもらった。ＤＪプロモーションが功を奏したのか、人数的になかなか豊作だった。

女の子もたくさん入ってきた。その中に小川くんの姿もあった。

「やったー！」心の中でガッツポーズを決める。

これで最後のワンピースが揃った。

早速、新人コント大会で勝ち抜いたコンビ「耳なり」のネタを見せてもらおうと思っていると、またもや思いがけない言葉が飛び出した。

「相方の川島くんはボクシング部に専念するそうです。なのでピンでやります」

ライブだけは出てくれると思っていた川島くんは、落研と兼部はしない意向らしかった。

「友達の前で２人でコントをやるのが、ちょっと恥ずかしいそうです」

当然の疑問が湧く。

「プロのライブに出てるのに？」

同時に納得もした。だから高校の学祭ではやらないで、いきなりプロのライブに出たわけか！　なるほど。変わっている。かなり変わっている。この一点だけでもわかる。これは逸材だ！

なんとか川島くんにも落研に入ってもらい「耳なり」として存分に活動してもらいたい。そうすれば落研は僕が卒業しても3年間は安泰である。入らない理由が「恥ずかしい」というだけならこの先なんとかなるだろう。まだ時が来てないだけだ。今のところはしょうがない。それに、新人部員もたくさん確保できた。この中には知らないだけで、逸材がいるかもしれない。期待に胸が膨らむのを感じていた。

こうして落研は、春の新入生確保の戦いを大勝利で飾ることができたのだった。

目指すは全国制覇と部員100人

初めて部長になった年の新入生も、前年と同じく10人ほど確保することができた。

当時、落研は4年生にホネっち先輩、大成さん、古川さん。3年生が僕と鈴木くん、女子部員のくまちゃんと波《なみ》ちゃん。2年生が今立、小松沢、澤田、女子部員のワカナ、湯沢《ゆざわ》という総勢12名の陣容だった。そこに10名が加入ということは、一気に部員が倍増したわけだ。総勢22名。サッカーの試合ができる人数だ。

ダンス部の100名にはまだまだ遠いが、着実に部員数は増えていった。

1995年春は「爆笑オンエアバトル」はもちろん「ボキャブラ天国」で〝キャブラー〟と言われた芸人さんたちが活躍し出す前で、まだまだテレビでネタをやる番組はあまりない時代だったが、水面下ではお笑いに対する熱さみたいなものが育ってきていたのかもしれない。

まずは10名の実力を引き出すために、新人ライブを企画した。今年は「全国大学対抗お笑い選手権大会」に出場する。何としても即戦力を1年生から見つけ出したい。その急先鋒だと思っていた「耳なり」は、小川くんだけが入部して川島くんはボクシング部に入ってしまった。新たな人材を見つけ出すのは急務であった。小川くんは耳なりは解散したわけではないからと、コンビは組まずピンでやるらしい。

10名中3名は女子部員で裏方志望だった。よって、小川くんを抜いた6名はコンビを組むことになった。思い思いにコンビを結成してネタを作る。ネタ見せが開かれた。

1年生のネタは当然だが、まだまだであった。その中では、やはり小川くんが光っていた。「ブギウギ小川」という芸名でネタ見せに参加した小川くんは、初めて作ったというピンネタを披露してくれた。

小川くんは冴えない学生役で、自分で自分を祝ってスター気分を味わうというネタだ。独り相撲のように自らが上に投げた花びらを自分で浴びたりしながらキャッキャッとはしゃぐ。今で言うとテンションの低い劇団ひとりのようなネタだった。

これが面白かった。ボケとツッコミがはっきりわかれたネタをやるコンビしかいなかった落研に新風を吹き込んだ。実力の片鱗を見せた小川くんに称賛の声が相次いだ。ただ、本人はまだまだ納得がいかないらしい。やはりコンビでやりたい気持ちが強いようだった。僕らも耳なりのコンビネタを見たいと思った。

新人ライブではブギウギ小川が、やはり新入生の中では抜きん出てウケた。耳なりで出てもらいたかったが、ブギウギ小川もなかなか良いのでとりあえずホッとした。そして、お互いコンビを解散し、これがデビューとなる今立と澤田の「ポゲムタ」も爆笑の渦を巻き起こして鮮烈なデビューを飾った。やはり今立はボケよりツッコミに回った時に真価を発揮すると思った。澤田の天然をうまく料理していた。

同じくホネっち先輩とこまっちゃんの「Bダッシュ」も、こまっちゃんの類い稀なる表現力にホネっち先輩のベタなツッコミがぴったり合っていて爆笑をかっさらった。ここもいろいろあったが、当たりはずれが少なく確実にいつもウケる。

我々「コロコロコミックス」も「信号をなかなか渡れない」というネタをやって爆笑を取ることができた。

当時の僕のネタの作り方は、面白いボケを何個か考えて、それを1つのストーリーにするというやり方だった。いつも自分は等身大の自分で、他の誰かを演じたりすることはなかった。というのも、20歳の人間におじさんはできないと思ったからだ。シティボーイズさんなどを見ていると、スーツを着てああいうネタをやりたいなーと思った時期もあったが、すぐ気付いた。子供がそんなネタをやってもダメだと。

漫才ならまだしも、コントで「そういうふうに見えない」というのは致命的だ。20歳のくせに渋いことをやっても、必死に背伸びしているようにしか見えない。簡単なことだった。20歳の人間はどれだけメイクしても80歳には見えない。80歳の人は何もしなくても80歳に見える。だから、貫禄ある役などは無理があると気付いたのだった。

ならば、一番良いのは等身大だ。20歳の僕は20歳の役をやるのが一番いい。そこで、誰かを演じなければいけないストーリーは作らず、いつも自分と友人が繰り広げる日常をネタにすることを心掛けていた。そういう意味では、当時の観客が一番共感できるネタであったのかもしれない。

「あぁ、過去の落研もこうやって潰れたんだな」

ある日、プロ志望という1年の女子部員まさこが落研に入部してきた。身体が大きく普段から大学でも目立っていてなかなか面白そうだった。仲間内でもあの子は面白いと言われているようだ。すぐにライブに出てもらったが、ウケなかった。よくある話だ。仲間内で面白いのとネタが面白いのはまるで違うわけだから。

まさこは何カ月かですぐ辞めた。そのタイミングで何人かの新入部員が辞めていった。部長として、部員が辞めてしまうのは悲しい。しかし、しょうがないと思っていたのも事実だった。その気持ちは口に出さないまでも新入部員には伝わっていたのかもしれない。

だが、まさこが辞める時に言った台詞が、その後の僕を根本的に変えることになる。

「楽しくやりたいと思って落研に入ったのに、冷たい感じだった」

まさこはそう言い残して部を去っていった。つまり、落研は笑いをやるクラブだから面白いと思っていたのに楽しくないし、部員に冷たいということだった。


お笑いのプロの世界は楽しいだけではやれない。しかし、落研は大学の部活なのだ。このままではプロになりたいと本気で思っている人間しか残れないクラブになってしまう。それでは大学の落研としてはいかがなものだろう？

うちの大学で部員100名を超える超人気クラブのダンス部に入る者は、みんながプロのダンサーになるわけではない。ダンスが好きとか、なんだか楽しそうだからと入ってきている。下手な者も上手い者もいるだろう。目的は違っていても、思い思いに何かしらの満足感を得るから辞めないのだ。

翻って落研は本当に自力でウケた人間以外は全員辞めてしまっていた。少数精鋭を気取り、改善せぬままになっていたが、これは大問題だった。この調子ではいつまでたっても部員100名は夢のまた夢だ。100名どころか今たまたま集まった面白いやつがいる間はいいが、しょせん大学のクラブなのでどんどん卒業して、1人また1人といなくなってしまう。その時に果たして落研は残っているだろうか？　そこで僕は気付いた。

「あぁ、過去の落研もこうやって潰れたんだな」

まったく同じ道を歩んでいるようで嫌な気分になった。これではダメだ。根本的に落研を改革しなくてはいけない。まさこには悪いことをしたが、大切なことに気付かせてもらった。

部は遺伝子とよく似ている。あらゆる環境変化が起こっていく中で、天下を取った生物でさえも滅んだりしていく。その中で生き残っていくためには、1種類の人間だけではダメである。身体が大きいものが得する時が続いていたとしても、小さいものが得する時がいつか来るかもしれない。一見弱そうに見えても病気やウイルスに強く、タフに生き残るってことも考えられる。だから人間はあらゆる種類の人間を残すのだ。

落研も一緒だ。どんな状況になっても生き残るには、さまざまな種類の人間がいないといけないのだ。面白いやつも面白くないやつも、笑いに興味があるやつもそうでないやつも、みんないたほうがいいと思った。

今面白いなんて、その時代にたまたま合ってるだけかもしれない。今は面白くないものを面白く感じる世界が出現したら、あっという間にひっくり返る。その時に少数精鋭を気取った集団はいなくなる。そんなことでは意味がない。成長する芽はどこにあるかわからないのだ。

そもそも「プロを目指す人間」という種族だけではライブもできない。たとえば、音響・照明・受付など笑いに関係する仕事はたくさんある。裏方のプロも同時に落研で育てるようにすれば、なんとなく手伝いの延長のような感覚で関わってくれていた部員たちも、やりがいを感じてくれるかもしれない。ネタが作れないとか、表に出るのは嫌だという理由で、それまでなら入部すらしなかった者も、これで入ってもらうことができるようになる。

出演するほうもそうだ。以前はネタがウケないとすぐ辞めてしまったが、そもそもネタなんて当人の面白さのごく一部にすぎない。人間の面白さは全員が持っている。俯瞰《ふかん》で見ればみんな面白い。それに気付いた。「ネタがウケない時の顔」が面白いってことだってあるのだ。一番大事なのは面白味だ。「面白いやつだけ入ってくれればいい」から「面白くない人間はいない」というスタンスへの変化が自分自身にあった。

その結果、一番変わったのは部内の雰囲気だった。辞める部員も少なくなっていった。そこからいろんな変化が起きた。裏方をやりたいと入ってきた女子部員から、ネタをやりたいと言い出す者が増えたこともそうだ。いきなり結果を求めるやり方をしていた頃には出てこない現象だった。

そこから女子コンビが増えていった。女子部員たちは自分でネタを考えることにそこまでこだわりがないらしく、ネタ作りを専門にやる部員に作ってもらうというやり方もこの時から始まった。プレイヤーとしてはどうもしっくりこない者や、解散してネタをやることができない者も、ネタ作家として落研で活躍するという道もできた。

ライブを知らせるチラシのデザインにもこだわろうと、絵の上手い者にも入ってもらった。こうして、あらゆるジャンルの人間が落研に入ってきていいという土壌ができた。あとはこの道を進んでいくだけだ。


その頃から「面白い」ものを、ネタだけでなくいろんな方法で表現できないかと考え始めた。手始めにごっちゃん先輩が考えた「無名人サイン会」を開催し、好評を博したのもその1つだった。

その後、よりバカバカしいことをという発想から「UFOを呼ぶイベント」も開催した。校舎の屋上で部員全員が手を繋いでただ輪になっているというパフォーマンスだったが、これまた好評を博した。そんな活動が功を奏したのか、「大学内で落研は面白いことをしている部活」として人気になっていったのだった。

初めて他人の評価を気にせずCDを買えたことが嬉しかった

1995年はいろんなことがゴゴゴッと動き出した年だ。

僕の人生もこの年に決まったといってもいい。中でも衝撃的だったのが1995年4月21日。「サニーデイ・サービス」のファーストアルバム『若者たち』がリリースされた日だ。今振り返ってみると、このアルバムとの出会いが、僕のすべてを変えたのかもしれない。

僕は中学時代から音楽ばかり聴いている人間だった。音楽雑誌を読みあさり、そこに書いてあることに、ある意味すっかり洗脳されていた。

雑誌ではライターの書くレビューというやつがすべてだった。そこで酷評されたものはなかなか買うことができないし、雑誌に書かれたのと同じ言葉を使ってバカにしたりしていた。ライターが異常に褒めているものを買ったのに全然良くなくて、それでも「良い」と思うように頑張ったりとか。「雑誌が薦めるものを聴く」という、まさにメディアの思うつぼのリスナーだった。

当時は今のようにユーチューブで音楽が聴けたりしなかったし、パソコンもまったく普及してない時代。大学時代は携帯を持ってるやつがクラスに何人かいるくらいだった。〝ググる〟なんて言葉は生まれてもいなかった。だから、情報はラジオやレコード屋、または雑誌で得るしかなかったから、しょうがないといえばしょうがないわけだけど。

他人の頭の中をそのままトレースしただけの頭デッカチな僕は、音楽に対してかなり凝り固まった考え方をしていた。

そんなある日、レコード屋に行くと試聴機にはサニーデイ・サービスの『若者たち』が入っていた。音楽雑誌を熟読していた僕は、当然サニーデイ・サービスの名前は知っていた。当時流行っていた「渋谷系」をそのままやっているバンドという認識だった。何故なら、僕が読んでいた音楽雑誌はみんなそういう論調だったからだ。

フリッパーズ・ギターが好きで、同じような音楽をやっているバンドが聴きたくて、いろいろ買って聴いたけど、やっぱりフリッパーズ・ギターを超えるものはなかった。そういうバンドの一つなんだろうなと思っていた。

ただ、このアルバム『若者たち』は気になってしょうがなかった。何故ならジャケットが物凄くダサかったからだ。95年当時のCDのジャケットはこれでもかというくらいオシャレで豪華だった。そんな中、突然ダサいジャケットがレコード屋の一角に現れた。それはまるで、お笑い選手権を観にきたオシャレな渋谷で浮いていた僕らみたいだった。レコード屋でそう思ったことを、今でも鮮明に覚えている。

「これを聴いているところを見られたら、ダサいと思われるんじゃないか」

若者にありがちな異常な自意識。まさに僕こそが〝若者たち〟だった。

キョロキョロしながら試聴機に近付く。ヘッドホンを耳に装着し、再生ボタンを押した。1曲目の「いつもだれかに」が流れた。気付いたらアルバムを全部聴き終えていた。「めちゃくちゃ良い！」そう思った。だけど、何かが引っかかる。それは、他人の目だ。これを良いって言ったらバカにされるんじゃないかというわけのわからないブレーキ。

結局その日、僕はサニーデイ・サービスの『若者たち』を買わずに帰った。家に帰ってもずっとこのアルバムの曲が頭の中で流れていた。The La'sの名曲「Timeless Melody」の歌詞そのままだ。

それから1週間、僕は毎日レコード屋に通って『若者たち』を聴き続けた。何やってんだろうと思った。「そんなに聴きたいなら買えばいいのだ」と当たり前の考えにたどり着くまで1週間かかった。そしてようやく『若者たち』を買うことができたのだった。

初めて他人の評価を気にせず買えたことが嬉しかった。その時、なんだかわからない後ろめたさが溶けてなくなった。それはきっと「自分で決めたわけじゃないし、他人の受け売りじゃん」という自分内自分攻撃分子が駆逐されたからだった。

この時から、物凄くフラットな気分で音楽雑誌を読めるようになった。この人はこう言ってるけれど、本当のとこはわかんないなって軽い気持ちで読むと、いろいろな側面が見えてきた。それからは本当の意味で〝参考〟だけにするようになった。

こうした視点ですべての物事を見ていくと、いろいろ気付くようになっていく。果たして本当なのか？　それは他人が言っていたからじゃないのか？　体験したのか？　あらゆることがそうだった。「笑い」も一緒だ。流行り廃りは日々繰り返されていた。みんながみんな、自分が面白いことをしているのだと主張している。その人たちのおかげでお金を得ている人は、決してその人たちの悪口は言わない。みんな褒める。そうすると、それが面白いということになる。それが面白くなくても、若者はこれが面白いと思い込む。

こうして「自分で決めているようだけど、決めていない人」が出現する。そんなふうに僕には見えた。

サニーデイ・サービスはそんな大人に向けて小石を投げつけている気がした。僕も投げる側の人間になる。そんな決意をサニーデイ・サービスはさせてくれた。

改めて聴き直すと、サウンドが優しいからすぐには気付かなかったけれど、このアルバムはとんでもないパンクアルバムだった。ザ・ブルーハーツのファーストみたいな。「この世界に入るには、こんな格好して、こう振る舞わないとダメだよ」という無言の圧力へのヘイト。現在に至るまでの僕の活動もこれに尽きるのだ。

そしてこの年、ブルーハーツが解散するのもなんだか象徴的なことだった。

何者かになるための片道切符

「第2回全国大学対抗お笑い選手権大会」は、第1回に比べて格段に規模が拡大され、関西の大学も参加する全国規模の大会になることがアナウンスされた。

第1回大会は東京の大学だけ、しかも有名大学しか呼ばれていなかったので、第2回こそ本当の意味で、大学日本一が決まる初めての大会になるとのことだった。参加大学も飛躍的に増え、コンビ数は250組近くになるらしい。

そのため、夏には関東と関西に分かれて予選が行われ、そこで上位になった大学だけが晴れて決勝に駒を進めることができる。そうして選抜された関東の面白い大学と、関西の面白い大学が、年末の決勝大会でぶつかり大学日本一を決めるという流れだ。

関東には前回優勝した大学もエントリーしていた。まずは、この関東予選を通過しないと日本一にはなれない。関西のレベルはまったくわからないが、そもそも関東予選で優勝できないなら日本一は難しい。この予選こそが決勝大会だという気持ちで臨むことにした。

予選は「漫才」「コント」「ショートコント」「フリー」と4つの部門に分かれていて、それぞれ勝敗がつき、その勝率で優勝が決まる。今回は参加大学が多く、3つのリーグに分けられていた。それぞれの1位が決勝に行くことができる。

うちの大学は当初のプラン通り、フリー部門は3年生の僕ら「コロコロコミックス」、コント部門は4年生のホネっち先輩と2年生こまっちゃんの「Bダッシュ」、漫才部門は2年生の今立と澤田の漫才コンビ「ポゲムタ」、ショートコント部門は1年生の小川くんと川島くんのコンビ「耳なり」で大会に挑戦することになった。

1年生の小川くんはピンで「ブギウギ小川」として活動していたが、やはり大会に出るとなると高校時代から組んでいる「耳なり」で出るほうが良いとのことで、落研に入らずボクシング部に入部していた川島くんを説得して、なんとか大会に出てもらうことになったのだった。

関東予選は目の前に迫っていた。大学以外でライブをやったことがほとんどない落研に一番足りないのは、外のお客さんに見てもらう機会だと思い、近くの大学の落研に連絡をして他大学のライブに出させてもらって経験を積んでいった。

その活動が功を奏したのか、他大学からうちの落研ライブを観に来てくれる人が増えたりと、それまでなかった明るい空気ができていた。女子部員が増えたことで、女の子のお客さんが増えたり、毎月のライブに必ず来てくれる人も増えた。

徐々に自信も芽生えつつあった。やはり、目標があるとみんなの真剣さが違う。団体戦なのも良かった。それまではネタに関しては、コンビはコンビでという考えが強く、ネタ見せはしていたものの、確認くらいにとどまっていた。

しかし、大会出場が決まってからは変わった。ネタ見せの時も自分のコンビのネタを考えるように、みんなが他コンビのネタに面白いボケのアイデアを出したりと、活発なネタ見せになっていった。

毎日ネタは研ぎ澄まされていく。団結力もどんどん増していく。これだけでも大会に出て良かった、そんな考えがふと頭をよぎる。しかし、すぐ否定する。勝たなければ意味がない。

お笑い選手権は甲子園ではないのだ。毎年必ず行われる大会なら、長いスパンで考えるのもいいだろう。だが、この大会は国をあげてのイベントではないので、来年には終わるかもしれない。「来年頑張ればいいや〜」はない。今年日本一にならなければ、来年にはもうないかもしれないのだ。

そう考えると、やる気がムクムクと湧いてくる。あの頃感じていたのは、期待と不安だった。キャピキャピすることもなく、ただただコントや面白そうな企画を考えたりする毎日だった。大学生になったらみんながやるのであろう、と漠然と期待していた合コンとやらにも一度も誘われなかった。キラキラしている同級生たちを尻目に、部室もないので、溜まり場の食堂に集まる日々。

中上健次《なかがみけんじ》の小説『十九歳の地図』に出てくる、爆弾を仕掛けたと東京駅に電話する主人公のような気持ちだった。「あなたは何者だ」という問いに対して、「俺は何者でもない、何者かになろうとしているのだ」と答える主人公。

これで何者かになれる切符をもらえるかもしれない。

ちょうどその時期に、サニーデイ・サービスが「青春狂走曲」というシングルを出した。落研のみんなは僕の影響もあり、サニーデイ・サービスのファンになっていた。曽我部《そかべ》さんは「そっちはどうだい　うまくやってるかい　こっちはこうさ　どうにもならんよ　今んとこはまあ　そんな感じなんだ」と歌っていた。それはまるで自分たちに歌いかけているみたいに聴こえた。だが、それも「今んとこ」だ。

「爆弾を爆発させてやるからな」

そう自分に発破をかける。

大会の前日に部員全員で一通りネタ見せをした。

みんな仕上がっている。あとはやるだけだ。

こうして「第2回全国大学対抗お笑い選手権大会」の火蓋が切って落とされたのだった。

「夢、叶えちゃおうぜ」

関東大会の予選は去年の決勝の舞台、現在は「ヨシモト∞ホール」になっている「渋谷ビームホール」で行われた。

第1回とは比べものにならないほど大規模な大会になっていた。運営事務所もかなり力を入れていることが、フルカラーで作られた6ページほどの参加大学紹介パンフレットからも垣間見えた。前回の大会にはこんなものはなかった。しかも、このパンフレットは、事務所が期待している大学がどこか、一目でわかる作りになっていた。

我々のように期待されていない新参の20大学くらいは、全大学で1ページにまとめられているのに対して、期待されているであろう6大学は1ページを使って大きく掲載されていた。また、表紙をめくってすぐのページに載っていて、文章も写真も大きくて目立つ。しかも、「活躍が予想されるコンビ」というコーナーまで作られ、インタビューを受けている者までいた。公平を旨とするはずの学生大会で、これだけのあからさまな贔屓《ひいき》がある。さすが芸能である。

そして、我々の大学は期待されてない20大学の中でも一番下に一番小さく載っていた。

久しぶりにそのパンフレットを開いてみたら、なかなか面白かった。我々の大学の紹介部分にある小さい写真には、僕と今立が「無名人サイン会」をしている時の写真が使われていた。これがまた酷い写真で、2人とも横を向いているので誰だかわからない。当時の自分が送ったのだろうが、何故これにしたのかまったく覚えていない。

おそらく、「無名人サイン会」なんていう面白いことを考えちゃう僕たちって面白いよね！　というアピールだったのだと思う。だが、その肝心の「無名人サイン会」という看板の文字が撮れていない。紹介文も凄い。普通に「頑張ります」的なコメントの後になんとか笑いを取りたいと思ったのか、こんな文章が載っていた。

「ところで、つのだ☆ひろの『☆』はなんと発音するんですか？」

それまで真面目だったのに、急に変なことを言う面白い僕たちをアピールした文章。しかも、つのだ☆ひろのナイスチョイス！　みんなが注目してない「☆」に着目して、そこを突く僕たちってセンスあるでしょ？　とでも考えていたのだろうか。

……思い出してきた。その頃の僕はつのだ☆ひろさんと言っておけば面白いと思っていた節があり、つのだ☆ひろさんをよく笑いに使っていた気がする。あと同じように、ユン・ピョウも名前を言えばウケると思っていた。読売巨人軍の駒田と角も。ミュージシャンのアルフィーも。今読むと小さい扱いも納得のつまらなさである。

ただ、他の大学も大学生にありがちな内輪の面白さ爆発の紹介文ばかりが並んでいて、なかなかキテいる。しかし、例えばここに「僕たち落語研究会は部員20人で活動しています。これまで月1でライブを開催し、のべ500人以上の人にネタを見てもらっています。今までの成果をすべてぶつけて優勝を狙うぞ！」的な文章が載っていたら、どうだったのか？　恥ずかしさこそ少ないが、旨味もまったくない。

やはり「つのだ☆ひろの『☆』はなんと発音するんですか？」こそが旨味なのだ。年齢とともにこういう脂身がどんどん取れていく、すると旨味がなくなる。旨味って脂のことだったりするからね。あらためて、これからもその年齢ならではの「はしゃいじゃってる感」はキープしたいと心に誓った。

話は戻る。大会のリハーサルが開始された。すり鉢状になったホールで客席が舞台を囲むように作られていた。ここに本番はお客さんがぎっしり入るんだな、と思ったらドキドキしてきた。いつも教室でやっていた僕たちは、こんな大きい会場でやったことがない。

他の大学の参加者を見ると、きっと僕たちと同じように緊張してるんだろうけど、涼しい気な顔をして見えた。負けてはいられない。こちらも体中の涼し気を顔に集中させ、精一杯の涼し気をアピールする。

大会はコント、漫才、ショートコント、フリー部門の順番で進んでいく。

出番は「Bダッシュ」改め「ミサイルマン」、「ポゲムタ」「耳なり」「コロコロコミックス」の順番だった。僕の出番までは、まだ時間があるので比較的な楽な気持ちだったが、ホネっち先輩とこまっちゃんのコンビ「ミサイルマン」はすぐ本番である。初戦に勝つか負けるかで、そのあとの展開が変わってくるので大事な一戦だ。

ミサイルマンは誰よりも練習するコンビで、リハーサルが終わるとすぐにネタ合わせを始めていた。こまっちゃんは表現力がずば抜けているが、ホネっち先輩はそれほどでもない。それがこまっちゃんは気になっていたようで、先輩後輩が逆じゃないかというくらいの厳しさでホネっち先輩にキレていた。ネタの練習中にも先輩を蹴飛ばしたりと、かなりの荒れっぷりだ。ホネっち先輩も「痛いなー」と声を荒らげ、それはそれは厳しい空気になっていた。

「これはマズイ」

部長の僕は空気を良くしようと、隙をみてホネっち先輩に話しかけた。

「先輩、大丈夫スか？」

すると、ホネっち先輩は大人の雰囲気で言った。

「こまっちゃんは、まだ子供やからな〜。しゃあないわ。しっかりやらせるわ」

僕は「心配して話しかけてみたら、何カッコつけてんだよ！　お前が下手だからだろ！　ホネ！　わけ知り顔してんじゃねえぞ！」という気持ちがふつふつと湧いてきた。

「こまっちゃん！　ホネっち先輩を蹴飛ばしちゃダメだよ！　先輩なんだからさー」と言いながら、ホネっち先輩にドロップキックするという最良の方法で雰囲気を良くすることに成功した。吹っ飛んでいくホネっち先輩は、とても表現力があった。

開場とともに、各大学の応援の人や、普通のお客さんなどが続々と集まって、ほどなくして満員になった。

大会に対する期待に溢れた雰囲気が楽屋にまで伝わってくる。否が応でもテンションが上がる。審査はテレビなどで活躍している放送作家らの審査員が5人。対決するコンビのネタを見た後に、どちらの大学が面白かったか札を上げ、多いほうが勝つというものだった。5人だけに同点はない。

判定されるのは嫌だけど、プロの人に観てもらえるのは嬉しい。なにより会場を埋め尽くすたくさんの知らない人たちに、自分のネタを観てもらえる日がくるなんて。そんな感慨に浸っている時間もなく、いよいよ初戦の「ミサイルマン」の出番になった。

やるほうもお客さんもまだまだ硬いのか、爆笑は起こっていない。最初に爆笑を起こせるのはどの大学のどのコンビか？　ミサイルマンの2人の緊張はピークに達しているが、〝ホネっち先輩いじり〟が功を奏したのか、比較的リラックスして見える。

「いつもみたいな感じでね！」

こまっちゃんに声をかける。前歯が欠けたファニーな笑顔でそれに応えるこまっちゃん。ホネっち先輩にも優しい言葉をかける。

「スベったらすべてお前のせいだからな！　ムリやり〝ジャーマンポテトグラタン〟食わせて太らすぞ！　ホネ！」

「パクパクパクパク。もう食えないよーって、なんでやねん！　先輩やぞ！」

調子は良さそうだ。ちなみにジャーマンポテトグラタンはホネっち先輩の得意料理で、ポテトとベーコンを炒めたものにチーズをかけ、レンジでチンするというものだった。ホネっち先輩は家に遊びに行くと必ずこれを出し、大阪でしかやっていなかったラジオのテープを聞かせてくれたものだった。僕はよく熱々のチーズを先輩に食わせて、リアクションを引き出したりしていたのだった。

いよいよ、初戦のコント部門が始まった。

先行はミサイルマン。先輩が1人板付き（ネタが始まる前から舞台にいること）で、ネタの導入部分が始まる。やり慣れたネタだけに、緊張は見えない。こまっちゃんが後から飛び出してきた。そこからは爆笑に次ぐ爆笑だった。やるボケやるボケすべてがウケていく。大学内でやっている時よりもウケている。

第1回大会を見た時に感じたことは本当だった。我々のネタは通用するどころか、群を抜いていたのだった。その後に出てきたコンビはミサイルマンのネタを見た後では、あまりに素人過ぎてまったくウケていなかった。当然、5対0の圧勝。

楽屋に戻って来たミサイルマンを拍手で迎える。

こまっちゃんも、さっきまでのピリピリが嘘のように笑顔が弾けている。

「めちゃめちゃウケますよ！　僕らがウケるんだからみんな大丈夫ですね!!」

ホネっち先輩もさすがに嬉しそうだが、テンションが上がっていると思われたくないのか、カッコつけたトーンで「勝たせてもらいましたわ」と言った。

相変わらずのホネっち節炸裂に、ドロップキックで応える僕であった。


初戦の勝利で一気にムードが良くなった。続いては漫才部門。

今立と澤田の「ポゲムタ」の登場だ。澤田の天然気味のボケに、今立のツッコミがよくハマって、結成半年ながら学内のライブではいつも爆笑を取っている安定したコンビだ。

しかし、ミサイルマンのウケ方を逆に意識したのか、澤田は少し硬くなっているように見えた。普段から何を言ってるかわからないのに、ますます何を言ってるのかわからない。コンビは不思議なもので、1人が緊張していると片方は緊張しなくなる。今立は緊張している澤田に的確なツッコミを入れて、心配する部員たちからも笑いを取っていた。

澤田も最初こそ何を言ってるのかわからなかったが、今立の「何言ってるかわかんねえよ！」のツッコミで爆笑を取ってからは落ち着きを取り戻し、しっかりネタをやり切ることができた。

対戦相手は去年の大会にも出演していたコンビだったが、素人の漫才にありがちな、すべてのツッコミで声を張るというもので勝負にならない。5対0。またも1ポイントも取られることなく勝利した。

これで2勝0敗。とはいえ、まだまだ油断はできない。

続いて、ショートコント部門が始まった。その年から始まった部門だけに、どこの大学もあまり練れていないのか、内輪ウケの一発ギャグ大会のようになっていた。

我々の大学のショートコント部門は「耳なり」だった。1年生ながら、高校生でラ・マの新人コント大会に出る逸材だ。ネタのスタイルも、この時すでに完成していた。

本人たちは初めて作ったらしいが、ショートコントにもしっかりストーリーがあり、よくできている。異国の地に住む日本語がカタコトの少女と、彼女に旅先で出会って恋をした少年との別れのコントだ。少年をひげの濃い小川くんが、少女をボクシング部員で筋肉質の川島くんが演じる。

それだけでもクスクスと笑いがきていたが、最後のオチで少女が少年に怒りをあらわにして言う「ナニヨ！　コノニホンゴ、カタコト!!」に爆笑が起こる。勝負にならなかった。

またも、5対0の圧勝。これで3勝0敗。ここまで1ポイントも取られることなく全勝。決勝進出に王手をかけた。

決勝進出は勝率で決まる。かなり有利な状況だが、他の大学も2勝1敗などで追いかけてきている。しかも、大将戦は各大学のエースが出てくるだけに、それまでのようにはいかないだろう。そんな中、みんな1ポイントも取られることなく勝っている流れは、相当なプレッシャーだった。大将の僕たちが負けるのは絶対ダメだし、1ポイントでも取られたら完全勝利にケチをつける形になる。

大将戦はフリー演技で、漫才でもコントでも自分の好きな形でやっていい。審査は特に大将だからといって違いはなく、5人いる審査員が同じように札を上げて多いほうが勝ちとなる。「5対0で圧勝するしかない」、そう思った。

楽屋は全大学一緒だった。

大将戦の結果によっては決勝リーグに行けるかもしれないとテンションが上がっている大学や、0勝3敗でもうダメだ的な空気で暗い大学などさまざまだった。

そんな中、ダントツで決勝リーグ行きに近いところにいる我々の大学は雰囲気が良い。変な欲を出さずに、今までやってきたコントをやれば負けはしないだろう。万が一負けても決勝にはいける。そう思うと、すーっと緊張が抜けていく。

ついつい対戦相手のことや審査員のことを考えてしまいがちだが、ネタを見るのはお客さんだ。お客さんにウケれば負けることはない。今やるべきは、ネタをやって目の前の人に笑ってもらうことだけだ。腹が決まる。

後攻の我々は、まずは対戦相手のネタを見る。漫才だった。スベってくれればなーと思ったが甘かった。どの大学も大将戦にはエースが出てくる。スベるグループはあまりいない。対戦相手もしっかり笑いを取り、出番を終えた。ただ爆発はしていなかったので、少しホッとする。

いよいよ僕らの出番だ。当時の十八番「横断歩道」というネタだった。学内ライブでもいつも確実にウケるネタだ。それまでのうちの大学のネタのウケ方を見る限り、スベることは絶対ないだろう。少し気持ちに余裕が出てきてチラッと相方の鈴木くんを見ると、異常なほど緊張していた。マズい！

鈴木くんとは1年生の時からコンビを組んでいる。僕たちの学年で落研に入った男が僕と鈴木くんの2人しかいなかったので、必然的に組むことになった。鈴木くんとはたまたま学部もクラスも一緒だったので、仲良くなるのに時間はかからなかった。

鈴木くんはネタに関しては基本的にすべて僕に任せてくれたので、ツッコミのセリフまで僕が考えてやってもらっていた。

そんな中、あるイベントでネタをやることになり、全然ウケない時があった。ネタを作っているだけにかなりこたえたが、しょうがない。また面白いネタを作ればいいやと思っていると、鈴木くんが真っ白な顔で近づいてきて、大学構内にある池に行こうと誘われた。なかなか自分から何かをする人ではなかったので珍しいなと思ってついて行くと、鈴木くんは着くなりタバコを吸い、そして言った。

「ウケないのヤダよ。ツライよ。もう辞めたくなったよ」

わざわざ池に連れて来てのこの発言に、鈴木くんのドラマ的な演出を感じ、「なにちょっと悲劇のヒロイン的な空気出してんだよ！」と思ったし、「そもそも何も考えてないんだから、ヘコむ必要ないでしょ！　ネタも鈴木くんのツッコミワードも全部考えてる俺のほうがヘコんで然るべきなんだよ！　図々しくヘコみヒロインいただいてるんじゃねえぞ！」とも思ったが、励ましの言葉を贈り、池に小石を投げるという形で鈴木くんの頭に描いていたであろうドラマを完成させてあげたなんてこともあった。

そして、今まさに本番直前。

真っ白な顔の鈴木くんの頭の中で、ドラマが走り始めているのを感じた。鈴木くんは人一倍ストレスに弱いくせにドラマチックなことが大好きなので、多分、5対0での勝利しか頭にないのだろう。その脳内ストレスで自分を追い詰め、ヒーロー願望に餌をやって気持ち良くなりつつ、緊張も人一倍しちゃってるんだなと瞬時に判断。こんな時はドラマに乗ってあげるに限る。

僕は鈴木くんに言った。

「夢、叶えちゃおうぜ」

みるみる血の気が戻る鈴木くん。


僕たちは颯爽と舞台に飛び出していった。

ネタは横断歩道を渡ろうと走ってくる2人が赤信号になってしまい、立ち止まるところから始まる。そこでいろいろ暇つぶしをするのだが、それに白熱してしまい青信号になっても気付かず、いつまでたっても信号を渡れないというものだった。

このネタは要するにショートコント的なネタを信号機が変わるまでというリズムで区切っていくので、何をやってもよく、ボケをたくさん入れることができた。ツカミで無理やり渡ろうとする僕を鈴木くんがひっぱる動きで大きな笑いが来た時に、勝利を確信した。

鈴木くんもイケると思ったらしく、落ち着いている。そこからは、やるボケやるボケが全部ウケていった。最後に鈴木くんを振り切り、無理やり渡ろうとして僕が車にぶつかり、吹っ飛んでいくところで拍手と笑いが起こり終了。

勝ったことは確実だが、気になるのは審査員の票数だ。

デキが良かっただけに、相手に1ポイントでも取られるとまた鈴木くんのドラマチックが発動して面倒くさいことになるし、何より後輩の手前がある。

審査が始まり、ドラムロールが鳴る。

相手の大学は諦めているようだった。

一斉に札が上がる。大歓声が僕らを包んだ。

すべての審査員の上げた札に、僕らの大学の名前が書いてあった。

こうして、僕たち落研は4勝0敗の完全勝利で鮮烈なデビューを飾り、圧倒的1位通過で決勝に駒を進めたのだった。

「俺らなんてお子様集団だな」

決勝進出大学が出揃った。

去年の第1回大会優勝大学もしっかり決勝に残っていた。第一関門は突破した。しかし、これでやっとスタートラインに立ったに過ぎない。ここからが本当の戦いだ。

関東大会の中でも活躍が著しいコンビは優秀賞なるものをもらえたのだが、我々の落研は、出場した4組すべてが優秀賞を受賞した。

それまで「どうせ面白くないんだろ?」と冷たい態度だった事務所の面々が、笑顔で話しかけてくる。「ざまみろ!」と心の中でガッツポーズをする。

そこから人生が一気に変わっていった。

なんと、この「全国大学対抗お笑い選手権大会」を仕切っている超大手事務所が主催する若手ライブに、レギュラー出演することになったのだ。大学生から面白い芸人をピックアップして育て、事務所のタレントにしていくという、一連の大きな流れに我々落研の4組も入ることになったわけだ。

大会では決勝には行けなかったが、面白かったコンビも何組か選ばれていた。こうして図らずも、我々はいきなり事務所所属の芸人になったのだった。

もちろん冬には決勝大会が控えていたが、それよりも「早速、来月からピックアップされたグループだけでのライブが始まるので準備をしといてくれ」と言われた。

他に選ばれたメンツを見たが、同じ大学ですべてのグループが選ばれているところはない。不安もあったが、自分を含めて4組も仲間がいるのは心強かった。


関東大会からひと月後、現在もよくお笑いのライブに使われている、なかの芸能小劇場で「冗談リーグ・スペシャル」というタイトルのライブが始まった。

学内でしかやったことがなかった僕らにとって、外の舞台でやれるなんて本当に嬉しい話だ。チケット代は500円。お金を取ってライブをするのも初めてだった。

前年の第1回大会が終わった後も、同じようにピックアップされたグループが出る月1ライブは行われていたが、就職のためにほぼ抜けてしまい、何組かを残してほとんど総入れ替えと言ってよかった。

同じ大学の人間しか知り合いなどいなかった僕にとって、とても刺激的なライブだった。いろんな大学のグループと仲良くなり、情報を交換する。都心の大学はやはり物凄く進んでいた。大学同士の交流も盛んだし、自分たちでお金を出し、大学外の場所を借りてライブなどをしているそうだ。我々はそんなことはしたことがなかったので、「俺らなんてお子様集団だな」という気持ちになったのを覚えている。

中でも、第1回大会に出ていて、唯一面白いと思った早稲田大学の「クリームソーダ」というコンビの天野《あまの》さんは別格だった。天野さんは大学生でありながら、プロの芸人を何組も呼んで一緒にライブをやったりもしていた。

「そんなことできるんだー！」と、ライブを主催するという発想自体がなかった当時の僕は、本当に驚いたものだ。その頃、天野さんの主催するライブで「La・おかき」（ずんの飯尾《いいお》さんがいたコンビ）や、「MANZAI-C」を見た。「同じ大学生なのに凄い！」と思った。

ノウハウを学ぶために、「コロコロコミックス」もお願いして、天野さん主催のライブに出させてもらった。これをきっかけに、今もＴＢＳラジオＪＵＮＫサタデー「エレ片のコント太郎」の作家として活躍中の江《ごう》さんにも出会うことになった。

　このライブでは、コンビを解体した合同コントも披露されていたのだけれど、そのネタを江さんが作っていた。江さんは当時、天才ネタ作り少年として君臨していた。ダンボール３個分ものネタを持っているとの逸話もあった。

　天野さんは、その後すぐ浅井企画に放送作家として入り、「笑っていいとも！」の放送作家にいきなり抜擢される。結局「笑っていいとも！」が最終回を迎えるまで放送作家として名を連ね、今も第一線で活躍されている。

　関東大会はダントツで勝ったものの、やはり有名大学の活動の広がりからは一歩も二歩も遅れていると感じた。まず、うちの大学のコンビは引っ込み思案が多い。「それならば、やはり部長の僕がやるしかない！」と率先して、あらゆるところに顔を出してやり方を学んでいった。

　そんな時に出会ったのが「ラーメンズ」だった。

　ラーメンズ率いる多摩美大の落研も、「第２回全国大学対抗お笑い選手権大会」に参加を申し込んだらしいが、すでに締め切りが過ぎていて参加できなかったようだ。しかし、事務所の人にネタ見せをしたところ、この「冗談リーグ・スペシャル」に出演することになったという。

今では考えられないが、ラーメンズは毒舌漫才を得意とするグループだった。毎月ライブで会ううちに、家が近いこともあって仲良くなった。うちの大学の学祭のライブに出てもらったりもした。その時のお客さんがまさかの0人で「ゲストで呼んでいるのに、こりゃまずい！」と慌てて部員を座らせて、ラーメンズのネタを見たのも良い思い出だ。そのラーメンズがＮＨＫの「爆笑オンエアバトル」をキッカケに大ブレイクしていくのはその4年後のことである。

関東大会とはいえ、優勝したことで学内での落研を見る目も徐々に変わっていった。最初こそ「優勝しましたーー！」と宣伝しても、日頃から「ＵＦＯが来た」とか「プロの芸人がやってくるので観に来てください」などなど、ウソをつき続けてきたツケが回って「また落研がウソついてるよ」と誰も信用してくれないという、童話「羊飼いと狼」のオオカミ少年まんまのことがあったりしたが、どうやら本当らしいという噂が広まってからは、お客さんもかなり来てくれるようになった。

嘘から出た実《まこと》で、「プロの芸人が来た」のほうは、とりあえず本当になったわけだ。

当時を振り返っていたところ、面白い資料が見つかったのでここに記しておく。落研の歴史だ。この資料には僕が入学する前の落研についても書かれていた。93年に入学したのは僕たち「コロコロコミックス」と「なみちゃんくまちゃん」のコンビで4人。この資料でなみちゃんくまちゃんも、ホネっち先輩とヒロさんと「人民娯楽省《じんみんごらくしょう》」というグループを結成していたことがわかった。確か1回だけやってスベって終わったグループだったと思うが。

僕が入学した時には「トリニトロトルエン」くらいしか活動していなかったが、他にもたくさんの先輩が1回限定など短期間で活躍していた。「南亭骨太《なんていこった》」「阿弥陀亭如来《あみだていにょらい》」「爆《ばく》」「右《みぎ》より集団《しゅうだん》五島義塾《ごとうぎじゅく》」「ホンコン亭《てい》マカオ」「インベーダー学院《がくいん》」改め「空手裁判《からてさいばん》」と、数だけでいえばかなりの陣容だ。

「南亭骨太」はホネっち先輩が落語もやりたいと作った芸名で、年に1回くらい落語をやっていたらしい。それが高じて、その後ホネっち先輩は落語家の門を叩くことになるわけだが、それはまた後の話。

「阿弥陀亭如来」は、学祭の時だけ数合わせに呼ばれる、トリニトロトルエンの同級生、金城《かねしろ》さんがエロい漫談をする時の名前だ。

金城さんの思い出は一度家に遊びに行った時、やしきたかじんの「やっぱ好きやねん」の熱唱を聞かされたのと、新聞勧誘の男と大ゲンカになり怪我をさせられたらしく、「新聞社を訴えよう思ってんねん」と裁判の準備をしていたのを覚えている。

「爆」は、大成さんとホネっち先輩が一度だけ組んで、ソリが合わず辞めたコンビ。この爆にいたホネっち先輩と、「右より集団五島義塾」を率いていたごっちゃん先輩が「ラ・呼吸困難」を組むことになる。

「ホンコン亭マカオ」は公道《こうどう》先輩という奇人の高座名である。公道先輩はお笑いにまったく興味がなかったにもかかわらず、ヒロさんと同級生で、その面白さに惚れ込んだヒロさんが半ば強引に落研に入れたという人物だった。

僕が最初に会ったのも、大学内の柱に立ちしょんをしている時だった。僕が「ここに立ちしょんマズいでしょ。トイレ近くにありますよ」と言うと、公道さんは「なに固いこと言ってー。ははは」とまったく気にしてない様子だった。その時「この人はフェアリーなんだな」と思うことにしたのを覚えている。

公道さんは面白さに溢れた人だが弱点もあった。落語が覚えられないのだ。

そもそも興味がないのだからしょうがないが、まったく覚えられない。しょうがないのでヘッドホンをつけてその場で聞きながらそのまま話すという、前代未聞の落語を完成させる。「メカ落語」の誕生である。

ヘッドホンをしているのは変なので、ロボットが落語をしているという設定にしたのだ。サングラスにヘッドホンをつけた公道さんはライブ中、舞台右に設置された椅子にずっと座っている。充電をしている設定だ。自分の出番になると「充電完了!」と言って立ち上がり、ヘッドホンで聴いている落語をそのまま喋るというスタイルだった。

このメカ落語、まったくウケなかった。まず何を言っているかわからない。聞きながら喋っているので、どんどん遅れていき、途中で追うのを諦めて黙ってしまった。最後は充電切れということでヒロさんが回収に行き、ライブが終わった。

この1回きりでホンコン亭マカオは辞めた。それでも公道さんの面白さをなんとかしようと、ヒロさんが自分のコンビ「インベーダー学院」に公道さんを入れ、結成されたのが「空手裁判」だ。このグループも1回で終わり、公道さんも落研に来なくなった。

メカ落語は本当に面白かった。僕はメカ落語のファンだった。ダメなものって何であんなに面白いのか。今考えると、この頃から「面白くないことこそ、面白いという発想」が培われていったのかもしれないと、ちょっと思った。

ネタが面白いなんて当たり前

大学の文化部最大の催しは、なんといっても学祭だ。それまでは細々と活動してきたが、優勝効果もあり、3000人ほど入る学内最大の講堂でコントをやることになった。「コロコロコミックス」でやってくれとのことだったが、優勝は部員全員で勝ち取ったのだから、僕たちだけが出るのは違うと思った。そこで、演者も裏方も含めて、部員全員出演のコントをやることにした。

それまでコンビネタしか作ってなかったので難しいかと思ったが、サクサクできた。役を振り分けたらみんなで練習。本番でもそこそこのウケを取り「落研もメジャーになったもんだな～」とみんなと涙したものだ。

学祭は学生以外のお客さんがたくさん来てくれるので、ネタを試すには最高の場だった。3日間ある学祭期間、ビッシリとライブを企画。それぞれのライブでいろいろなネタを試す。それと並行して出店でライブ資金を調達する。それまでは綿アメ屋をやり、3日間で1万円という雀の涙ほどの儲けを生んでいた落研だったが、活動も外に拡がってきていたので、ここで稼いでおきたいと思い、「本当に儲かる出店をやろう」という話になった。

焼きそばや焼き鳥などは確実に儲かるが、いろんな部活が同じような店を出しているので、レッドオーシャンだ。ここはブルーオーシャンを狙うのが賢い選択。とはいっても、ライブをギッシリ入れてしまったので、手のかかる出店は料理をする部員がいないので難しい。手がかからず、美味くて誰もやってない店……。

こうして我々落研は「焼き茄子屋」をやることになったのである。「秋茄子は嫁に食わすな」という言葉があるほど秋の茄子は美味い。切って焼くだけというお手軽さも最高だ。これは大成功間違いなしと思ったが、落研部員たちは疑いの目を向けていた。

こうなったら結果を出すしかない。

「焼き茄子屋の威力見せてくれるわ！」と颯爽と開店。

しかし、大失敗だった。誰も焼き茄子を買ってくれない。焼き茄子は食べれば美味いが、見た目が最悪だった。なんだかぐちゃぐちゃしていた。必死に部員に店先で焼き茄子を食わせ「美味い美味い」と言わせるステマも効果を発揮しない。そのうち、自分たちが食べたい時に自ら焼き、自らが食うという、ただのバーベキューになっていった。

終わってみると、1万円ほどの赤字と大量の茄子が残った。

僕たちは焼き茄子屋の失敗から外食産業の難しさを知った。

出店の失敗とは反比例するように、ライブのほうはなかなかの盛況だった。「ラーメンズ」をゲストに迎えたライブこそお客さんが0人だったが、他のライブでは100人を超えるお客さんが来てくれた。

中には3日間ほぼ全部のライブに来てくれるファンのような人も現れた。その中の1人に小学生の男の子がいて、ライブアンケートで我々「コロコロコミックス」のネタを「1日目より良くなっている」と評価してくれたのは嬉しかった。

僕らも「ポゲムタ」も「ミサイルマン」も「耳なり」も、それぞれ面白いネタができている。この調子でいけば、全国優勝も夢ではないだろう。

その年の後夜祭では、我々落研が総合司会を頼まれ、ネタをやるコーナーまで作られた。後夜祭にはポゲムタ、ミサイルマン、コロコロコミックスの3組が出ることになっていた。学生がビッシリと会場を埋めている。そこには吉本興業のプロの芸人さんも呼ばれていて、一緒の舞台でネタをやる。メンバーは「DonDokoDon」「ピンポイント」「インパクト」。みな芸歴のある芸人さんたちだ。

僕たちも関東大会で優勝したという自負もあり、ホームなんだから笑いの量では負けないぞ！　と自信満々でネタをやった。

結果は当たり前だが、プロの圧勝だった。

どの芸人さんも声が大きくて、すべてにおいて上手かった。プロはまず、笑いやすい空気をつくり、その後ネタに入る。その点、僕たちはネタをいきなりやるだけだ。勝てるはずがなかった。

また、コントだからとピンマイクを借りてやったのも良くなかった。大きいホールでよくあることだが、ピンマイクの音は聴きづらく、何を言っているかわからないことが昔は多かった。そんな状況にプロの芸人さんたちは慣れていて、コントをやる際もハンドマイクでやっていて、声が良く聴こえた。

僕たちは見かけにこだわり、ハンドマイクを持ってコントをやるなんて変だ、とピンマイクを使ったのが失敗だった。現にハンドマイクでやった漫才のポゲムタだけはそこそこウケていた。

こういう場所で一番こだわらないといけないのは、声が聞こえるかどうか。他のことはなんとでもなるんだなと教わった気がした。また、笑いの空気ができていないでやるのと、できてからネタをやるのでは雲泥の差だということもわかった。

ネタが面白いなんて当たり前。まずは楽しめる空気づくりが大事だと学んだ。

後夜祭のこのライブはとても勉強になった。

失敗もあったが、伝わればちゃんとウケることも確認できた。僕は密かに「俺たちが優勝するために、どんどん環境が整っていってるな」と実感していた。

自分が嫌いだった自分こそが面白い自分

ある日、「第2回全国大学対抗お笑い選手権大会」決勝大会では新たなルールが加えられるとの連絡が主催者から入った。なんとそれまでの「コント」「漫才」「ショートコント」「フリー」の4種目から1種目増え、メンバーに女子が入っていなければならない「男女混合戦」が新たに設けられたのだ。

僕たちの落研には、女子がいてコンスタントに活動しているグループはいなかった。大変なことになった。早急に決勝戦に出場できる男女グループを作らなくては。

そこで白羽の矢が立てられたのが、面白い人間性を飲み会などで発揮していた2年生のワカナと、特徴的な声で、まだ当時コンビを組んでいなかった1年生の津元《つもと》、通称ツモっちだった。

こうして面白い素材同士を合体させ、「Bee《ビー》 Bee《ビー》 Honey《ハニー》bee《ビー》」が生まれた。そして、〝ビーハニ〟の勝てるネタ作りのために呼ばれた男こそ、「スターがやってきたな」でお馴染みの天才、ヒロさんだった。

ヒロさんは大学を卒業してから就職するわけでもなく、バイトで生計を立てていた。放送作家になるつもりだと思っていたが、特に何か活動をしているわけでもないっぽい。そんなヒロさんには、卒業してからもネタを見てもらったりとお世話になっていた。なので、ビーハニのネタ作りも頼みやすかったわけだ。

今立と同期のワカナは、入部した当初こそ静かな女の子だったが、徐々に面白さを発揮していき、いつの間にか面白い女子部員といえばワカナというほどの地位を確立していた。本人はネタをやりたいわけではなく、あくまでもお笑いファンという立ち位置だった。しかし、ワカナは普段の振る舞いがすでに面白かったので、面白くないと居心地が悪かったであろう、落研でも頭角を現していた。

打ち上げの席でも、突然「自由になりたい!!!　束縛されたくない!!!」と叫び、よくわからない舞いを踊るなど、ダダイズム的な笑いを落研に提供してくれていた。

そんな感じだから、「明日はどうなったっていいのよ」的な人かと思えば、異常なほどの健康志向で、毎日聞いたことない名前の錠剤やサプリを飲んでいたり、おじいさんに溺愛されて育ったらしく、「遺産はすべて私に振り込まれるのよ」が口癖の面白さの塊のような女だった。


そして、もう一方のツモっち。最初に組んだ相方がすぐに辞めてしまい、宙ぶらりんな状態になっていた。なかなかうまくいかず、もう落研を辞めようかなと思っていた時期もあったらしい。しかし、恥ずかしさからか、それまでひた隠しにしていた持ち前の「甲高い声」と「スケベさ」が徐々に前面に出てきたことにより、落研でも注目される存在に成長していた。

ツモっちは部内で唯一の車所有者で、その点でも部に貢献していた。そして、まだ高くて誰も持っていなかった携帯電話をいち早く使っていたほどのお金持ちボーイだった。その有り余る財力（仕送り）で、エロビデオを大量に所持していることが発覚してからの、ツモっちの面白っぷりには目を見張るものがあった。

「思春期をどう笑いにするか?」
「恥ずかしい自分をどう表現するか?」
たいていの新入部員はこの部分でつまずき、辞めていく。外に向かって表現をしたことがない人間は、だいたいプライドだけは高く、現実を突きつけられるとすぐ逃げる。落研はその部分をすぐ突きつける部活なので、辞めるスピードは他の部活より断然早い。しかし、そのプライドとしょうもない自分とのバランスを上手く表現できるようになると、これほど何でも面白くしてくれる場所はない。

失敗を笑ってくれる。ズルさを笑ってくれる。「自分が嫌いだった自分こそが面白い自分」ということに気付けた人間だけが落研に残っていく。翻って考えると、社会も同じことかもしれない。弱い部分を見せることにより、みんなに好かれる。そういう経験をしていない人は、良い部分だけを見せようとしてパンクする。それが知らず知らずに学べる場所だったのが、我が落研だったのかもな、と今になって思うのだ。

そんなユニークな2人のコンビ、ビーハニも客前でやった経験はない。演技という面でまだまだなところもあるので、手紙ネタをやることにした。文通している男女が交互に手紙を読んでいく。この形式なら演技がいらない。そのままの自分でいいのだ。しかも、手紙を読むわけだからネタを覚える必要もない。

読みネタは声が重要だが、その点でも声に特徴のあるツモっちは最高の読み手だ。下手さがバレずに確実に笑いを取るには持ってこいだった。ネタは、ヒロさんが同期の公道さんと組んだコンビ「空手裁判」で一度披露したネタの設定を男女に変えた。そこに「遺産は私のものよ」的なワカナの性格、ツモっちのスケベさなど個性を混ぜることで、彼らならではの武器を付けて面白いものに仕上げた。

昔、ヒロさんが公道さんとやった時は、読みネタにもかかわらず、公道さんが「ヒロちゃん（公道さんだけはヒロさんをヒロちゃんと呼ぶ）！　こんなもん読まんでもやれるわ。これくらい覚えられないなんて、ヒロちゃん情けないでー」と自信満々なので、白紙でやってみたら案の定、覚えられてなくてスベったらしいが、ネタ自体は面白いので間違いなくウケるだろう。学祭で一度試した時も、しっかり笑いが取れた。

これで万全だ。やるべきことはやった。あとは優勝するだけだ。大会を前に連日の学祭ライブを終えて、落研はそれまでにないほど一致団結していた。

関東と関西の大学がぶつかり合い日本一を決める「第2回全国大学対抗お笑い選手権大会」決勝戦はもうそこまで迫っていた。

ちなみに、これが縁になったのか、数年後にヒロさんとワカナは結婚することになり、ツモっちは今「ナイツ」としてテレビでも活躍する塙《はなわ》くんと漫才コンビを結成することになっていくわけだけど、それはまた後の話。

風呂をめぐる冷たい戦争

決勝大会当日の1995年12月10日は、とても寒い日だった。

僕らの住む八王子は、都心よりも3度くらい気温が低いことでお馴染みだ。早起きをして支度をする。同じアパートに住むこまっちゃんと一緒にチャリで駅に行くことになっていた。

大学からは近かったが、最寄駅の八王子駅までチャリで30分。徒歩だと1時間半のところに、僕らの住む「スサキ荘」はあった。家賃1万8千円。4畳半一間。トイレは汲み取り式で共同。お風呂も共同。強靭な魂を作るのに適した環境だ。

ここに男ばかり40人ほどが住んでいる。

一応、一部屋ごとに玄関はある。建物の中に廊下がまっすぐ延びていて、両脇に部屋があるつくりの二階建て。昔は女子校の寮だったらしく、玄関なんかがちょっと低い。その代わりに共同風呂があったりするのだ。

朝っぱらから〝主《ぬし》〟というあだ名の住人がモップで廊下を拭いている。

主はパッと見40代かそれ以上に見える。主は、夏は裸に短パンという格好で廊下を掃除するので、遊びに来た女子部員なんかはビックリする。やっていることは掃除なのできれい好きなのだろうが、なんともいえないストリート感が女子たちを怯えさせていた。

ある時、スサキ荘の掲示板になんだかよくわからない液体が入ったビニール袋が吊るしてあり、主の怒りの文章がマジックで書き殴られていたことがあった。

そこには、共同のお風呂で手淫《しゅいん》をした人間を断罪する勇壮な文章が躍っていた。その者はあろうことか、出したものをそのままにしていったらしく、それに怒った主は何を思ったか、そいつの出したものをすくい取り、ビニール袋に入れて貼りつけたのだった。

確かに主の怒りもわかる。

しかし、住んでいる人以外も通る場所にある掲示板に、精子をビニール袋に入れて貼りつけるのはいかがなものかと思わざるを得ない。

ただ、だからこそ主は我々の興味を引きつけてやまなかった。そのなんともｄｏｐｅな雰囲気にやられていたのだ。

だから、お風呂で会ったりすると積極的に話しかけたりして、素性を探った。

主は話かけられるのが苦手なようで、いつも目も合わさず素っ気ない。多分いろいろ聞いてくる僕のことを、あんまり好きじゃなかったと思う。それでもなんとかあれこれ聞き出し、主がどうやらずっと司法試験の勉強をしているということがわかった。

なるほどと思い、「へー、じゃ夢は弁護士とかなんですね？」と聞くと、主はよく理解できないことを言った。

「学校の先生……」

主である。

普通の人なら考える「だとしたら、受ける試験が違うんじゃないか？」という疑問は、主にはお門違いだ。学校の先生になりたいから司法試験を受けている。このちぐはぐ感こそ主なのである。

主の仕事は廊下の掃除とお風呂の支度である。これを任せられていることで、大家さんから家賃を免除されて給料も出ているらしかった。

そんなある日、あまりに深夜までお風呂で騒ぐ者がいると主が怒り、夜23時までしかお風呂のお湯を出なくされてしまう事件が起きた。それまでは、だいたい18時過ぎくらいから朝近くまでお湯が出ていたので、これにはスサキ荘のみんなが困った。なかなかその時間までに帰って来れない。

しかし、こまっちゃんがお風呂を沸かすボイラー室のありかを見つけ出した。

どうやら主の動きを監視し、多分あそこにあるのではと行ってみると、見事にボイラー室があったらしい。しかも、鍵がかかっていないので誰でも操作可能なのだそうだ。

早速行ってみると、確かに誰でも操作ができる。このこまっちゃんの発見により夜23時を過ぎても僕たちは暖かいお風呂に入ることができたのである。

しかし、そんな夢のような日々も長くは続かない。スサキ荘のみんなが「なんで深夜にもお風呂入れるの?」と聞いてくるので、じゃんじゃん教えているうちに、やらかす人間が出てきた。

毎回、我々はお風呂を使ったらボイラー室の切タイマーを元の23時設定に戻すことをしっかり義務づけていた。それにより主も我々の革命に気付かなかったわけだ。規模が拡大してくると、組織は腐るとはよく言ったものだ。中にそれを怠る者が現れたのだった。

タイマーのメモリーの変化を見逃す主ではない。こうして僕たちの革命は主の知るところとなり、錠前が付けられ、二度と深夜にお風呂に入れなくなってしまったのだった。

これは主の横暴だ、とレジスタンスに再度立ち上がった人間がいた。僕とこまっちゃんである。我々はお湯の出ない共同風呂に深夜0時から籠城すると、自分のカセットコンロを持って来て、冷めていくそばから浴槽の水を沸かす方法で、お湯冷めスピードを最小限に抑えた。その結果、なんと午前4時まで風呂に入ることができたのだった。その日はお風呂から上がると、ヘトヘトですぐ寝てしまった。

それから今まで、一度もレジスタンス活動には参加していない。

今考えれば何をしているんだかわからないが、それこそ青春というやつなのだろうな。

その後、どういう経緯か知らないが大家と主が揉め、主は管理人を辞めてしまい、普通に深夜でもお風呂に入れるようになったのだった。

「殺す気か!!!」

18歳から24歳までの7年間を過ごした「スサキ荘」にはたくさんの思い出がある。大学時代のすべてとも言えるほど。

こまっちゃんが引っ越してくるまでは、落研部員は僕しか住んでいなかったのだけど、徐々に増えていき、最終的には僕を入れて5人が入居していた。2階の真ん中あたりの部屋が僕の部屋。こまっちゃんの部屋は、2階の汲み取り式トイレの前という好立地だった。

こまっちゃんは僕に輪をかけてお金がなかったので、お互いがスサキ荘にいる日は僕の部屋でご飯を炊いて食べさせてあげたりしていた。

そんなある日、僕は食べていないのに、うちの米があからさまに減るという〝事件〟が起きた。犯人はわからない。僕は基本的に家に鍵をかけていなかったので、誰でも入ることができる。というか、ほとんどの住人が鍵をかけていない。そもそも盗まれる物がないし、泥棒だって空き巣に入るというリスクを負うなら、それ相応の報酬が欲しいだろう。スサキ荘はどう見てもそんなリスクを冒してまで盗みに入るようなアパートじゃない。

というわけで、みんな鍵をかけない。鍵がかかっているってことは、つまり家に人がいるってことという、普通とは真逆の感覚が〝スサキ感覚〟だった。基本的にスサキ荘にプライベートはない。

だから、犯人は特定できないが、なんとなく察しはついていた。

その後もお米は減り続けていた。もうなくなるかもしれない……。

「平成の世に米泥棒が出るなんて！」という、新鮮な驚きとそのやり口の雑さに興味は尽きない。チマチマ食べてないで全部持って帰ったほうが、効率がいいはずなのに、そうはしない。毎日僕の家で米を結構な量食べて、静かに帰っていく。そんな振る舞いから想像するに、僕にバレないようにやっているつもりなのだろう。となると当然の疑問が湧く。

「なくなるほど食べてはダメなんじゃないか？」

少しずつ食べていれば僕も気付かなかったかもしれない。

しかし、たくさん入っていた米びつがほぼ空になっていればさすがに気付く。犯人は冷静な判断ができないほど飢えている者に違いない。

「とにかく今は、事件がどう進展していくか見守ろう」

僕は静かにチャリを飛ばし、近所にあったスーパーで米を購入。そっと米びつをいっぱいにしておいた。

そんなある日、事件に進展があった。

米びつはあるが、炊飯器がなくなっていたのだ。一緒に茶わんとお箸が一組なくなっていた。「えっ！」と思ったが、放っておいたら次の日には洗って返されていた。

いよいよ犯人がいい加減になってきていた。気付かないふりが功を奏したのだろう。焦ることなく、まだまだ泳がす。

犯人はますますいい加減になっていく。

米びつごとなくなるまで、そんなに時間はかからなかった。米びつ、炊飯器、茶わん、箸。犯人はもうすっかり行き着くところまで行き、すべてを戻さなくなっていた。

――時は来た。いよいよ現行犯で捕まえることができる。僕は自分の部屋から一直線にハエが飛びまくる廊下を抜け、こまっちゃんの部屋の扉を開けた。

犯人は留守だったが、見事にうちの炊飯セットがすべてそこにあったのだった。平成の米泥棒、こまっちゃんの部屋から我が家の炊飯セットを取り返し一件落着！のはずだった。

部屋に戻り、取り返した炊飯セットでご飯を食べていると「ドンドンドン!!」と苛立ちをそのまま打ち付けているような激しいノックの音がした。

ドアを開けると、こまっちゃんが立っている。

謝りに来たのかなと思っている僕に、こまっちゃんは意外な言葉を投げつけてきた。

「殺す気か!!!」

信じられなかった。

あなたはあるだろうか？　自分の家で自分が買った米を食べていたら、他人に「殺す気か!!!」と言われれたことが！

平成の居直り米泥棒こまっちゃんは、これにて御用となった。

後日、「申し訳なかった」とこまっちゃんが、お詫びにご馳走をしたいと言ってきた。

あなたはご馳走と言われて何を想像するだろうか？　ステーキ、お寿司、ふぐ、すっぽん？　ご馳走と言われるものはこの世にいくらでもある。

こまっちゃんの部屋に行くと、コタツ机に布がかかっていた。その膨らみの下にご馳走が隠されているのがうかがえる。

「今日はたらふく食べてってくださいね！」

笑顔のこまっちゃんが布を取る。

ふかし芋だった。ふかし芋4個だった。びっくりして立ち尽くした僕に、こまっちゃんは「今お菓子用意しますね！」と言って台所に立った。

あなたはお菓子と言われて何を想像するだろうか？　チョコレート、ポテトチップス、マドレーヌ、大福などなど、いろんなお菓子を想像したに違いない。

出されたのは、味付け海苔だった。味付け海苔を刻んだやつだった。味付け海苔を刻むために台所に立ったのだった。

「味付け海苔は美味し過ぎて、刻まないとすぐ食べてしまうから、いつもそうしているんですよ」と、こまっちゃんは前歯のない顔でニカっと笑った。

2人でふかし芋を食べながら、刻み味付け海苔をつまむ。甘いふかし芋にしょっぱい味付け海苔がナイスマッチングだった。

決勝大会の朝、僕の部屋でこまっちゃんと一緒にご飯を食べた。もちろん僕の米だ。

あれから、こまっちゃんは米泥棒をしなくなった。

ちゃんと僕に聞いてから食べるようになった。

「優勝しようね」

チャリに乗りながら僕が言うと、こまっちゃんは「当たり前っスよ!」と、ペダルをこぐ足に力を込めた。

「笑いでみんなをブッ殺しにいこうぜ!」

1995年12月10日14時。「全国大学対抗お笑い選手権大会」の決勝戦が幕を開けた。「渋谷ビームホール」には、東西の予選を勝ち抜いた大学の精鋭が顔を揃えていた。

予選は6大学ごとに3グループに分けられていた。そこで1位になった大学だけが決勝のグランプリ大会に出られた。関東18大学と関西18大学の予選から選ばれた関東3校、関西3校の計6大学から、栄えあるお笑い大学日本一が決まる。

予選大会でストレート勝ちを収めた我々の落研は、優勝候補だった大学を破っての決勝進出ということもあり、かなり注目されていた。だが、関東の大学の実力は大体わかるが、関西の大学がどこまで面白いかさすがにわからない。はっきりいって、関東の大学には負ける気がしなかったが、関西には凄い大学があるかもしれない。油断はできない。しかし、ここまで来たらやるしかない。いかに普段通りできるかが勝負を分ける。予選とは違い、決勝大会にはテレビカメラが入っていた。東京のローカルテレビで放送があるらしい。僕らの大学も意気込みコメントを残した。否が応でも気持ちが盛り上がってくる。

まずは選手入場。全大学が一同にステージに上がる。

前年度優勝校による優勝旗返還が行われた。大学生でお笑いをやっている人によく見受けられる、ふざけた形での返還式に一切笑わない我々落研であった。

いよいよ、決勝大会の火蓋が切って落とされた。

「コント」「漫才」「ショートコント」「男女コント」「フリー」と5つの部門に分かれて2大学対戦形式で勝敗を決めていく。最後に勝率が一番高い大学が日本一の栄冠に輝く。

各部門にはそれぞれ名前が付いていた。なんとも味わいのあるネーミングなのでここに記しておく。コント部門は「スガタ・カッコウかまいま戦《せん》」。これだけ読んでも「これは！相当だぞ！」と思った方が大半でしょうが、すべてを記しておく。

漫才部門は「僕たちアホではありま戦《せん》」。いったい誰が考えたのか？　今となってはわからないが、かなりのセンスである。ショートコント部門は「東海道瞬間戦《とうかいどうしゅんかんせん》」。関東関西を結ぶ東海道新幹線を見事にもじっている。男女コント部門は「いちゃつき異種格頭技戦《いしゅかくとうぎせん》」。格闘技の闘を頭に変えるあたりにセンスが光っている。そして、フリー部門は「もうどうにも止《と》まりま戦《せん》」。もう特に何も浮かばなかったのかな。そんな気分にさせてくれるネーミングだ。

これもやはり「コント部門」などと普通に書かずに、ふざけてくれたお陰で20年以上の時を経ても面白く感じるわけだ。今この過去の資料を見るにあたり、後で見た時にちゃんと恥ずかしくなるほど〝ふざけ〟ながら生きていかないとな、と自分に言い聞かせるのであった。

大会はまず「コント部門（スガタ・カッコウかまいま戦）」からだ。

こまっちゃんとホネっち先輩のコンビ、「ミサイルマン」がトップバッターだ。こまっちゃんの類い稀な表現力で大学でもスベったことがなく、一番安定している。しかし、相手はいきなり西の優勝候補の大学との対戦であった。ホネっち先輩はその大学の近くに実家があるらしく、「あの大学は強いで！」と、何の裏付けもない情報をまるで知っているかのような素振りで話してきた。

ホネっち先輩はどんなことでも、〝自分は知っている〟という感じで喋る。いつものホネっち節にみんなが和む。ミサイルマンの対戦は1回戦の最後だった。トップバッターはどうしてもお客さんも硬く、避けたいところだったので、ネタの順番的には5番目のミサイルマンはなかなかやりやすい位置だった。これなら爆笑を取れるだろう。

予想は的中した。ミサイルマンは爆笑に次ぐ爆笑をかっさらい、予選に引き続き、5対0のストレート勝ちをおさめたのだった。審査員からも絶賛の声が上がった。審査員長はＴＢＳラジオの浦口《うらぐち》アナウンサー。当時「お笑い道場」という番組をＴＢＳラジオでやっていて、多くの若手のネタを見ていたお笑い通の一人であった。

その浦口さんをもってして「プロでやっていける！」とのコメントが飛び出したことから、その時のウケ方がいかに凄かったかがうかがえると思う。まず1勝。

続いての対戦は「漫才部門（僕たちアホではありま戦）」。

今立と澤田の漫才コンビ「ポゲムタ」の出番だ。ポゲムタもライブではメキメキ頭角を現していた。この日やったネタは「東京ラブ侍ストーリー」という、当時流行っていた「東京ラブストーリー」のリカが侍だったらという設定の漫才で、どこでやっても爆笑を取る必勝ネタであった。

対戦相手は前年度の大会で優秀賞を取っていたコンビだ。油断はできない。

だが、結果は圧勝だった。またも5対0のストレート勝ちだ。「カンチSEXしよ！」の名台詞を吐き、刀でカンチを切り捨てるラブ侍が爆笑をさらった。

2勝0敗。現時点で前年度優勝校と同率1位だ。これはもう2校の勝負といってもよさそうだなと思った。ここまで見た限りでは、関西の大学は「東京」に萎縮しているように見えた。この分なら大したことはなさそうだ。


続いての対戦は「ショートコント部門（東海道瞬間戦）」。1分ネタの勝負だ。

我々の大学からは、予選でも爆笑をかっさらい、高校生でラ・ママの新人コント大会に出た実力を遺憾なく発揮していた「耳なり」が出ることになっていた。

相手は大阪の大学のコンビ「てるポン」。2戦終えた段階で、この大学はすべて0対5のストレート負けの0勝2敗と大きく負け越していたので、なめていた。

だが、このコンビは違った。先攻の「耳なり」もなかなかのウケでまとめたのだが「てるポン」も同じくらいのウケを取ったのだ。どっちに転ぶかわからない展開は初めてだった。ここまでは相手に一本も取られることなく、すべて5対0のストレートで勝ってきていたのだから。部員全員で結果を見守る。

審査員が一斉に札を上げた。3対2。辛くも耳なり勝利。ホッと胸をなでおろす。


残る戦いは男女混合戦とフリーの大将戦の2戦だ。ここまでで我々の大学は3勝0敗と1位を維持していた。しかし、前回優勝校も同じく3勝0敗できている。次いで大阪の大学が2勝1敗で3位につけていた。1敗でもするとひっくり返る展開に緊張が走る。


続いての対戦は「男女コント部門（いちゃつき異種格頭技戦）」。

この戦いでは、なんと我々の大学と前回優勝大学が直接当たることになった。

「よりによって、ここでぶつかるとは!!」

僕は思った。ネタはちゃんと面白いものを作った自信はあったが、いかんせん経験が少ない。男女混合戦に出るビーハニはこの大会のために作られたコンビだったし、ここがこの大会の肝と言ってもよかった。

ここで勝てば我々は4勝0敗となり、単独のトップに躍り出ることができる。逆に負けてしまうと大将戦で前回優勝校が負けない限り、優勝がなくなってしまう。自力優勝が消えるわけだ。逆に言えばチャンスでもある。ここで勝てれば、僕ら「コロコロコミックス」

が負けない限り優勝となるわけだ。

先攻は相手だった。男女混合戦は決勝大会で初めてできた部門だ。向こうだってそんなに慣れていないだろう。相手は「えのきだけだけたべたいだけだけ」という男女漫才のコンビだった。漫才をやることがわかった瞬間、勝利を確信した。コンビ名からしても即席に作ったコンビだということがわかる。そんな間に合わせのグループで、たとえ男同士でやっても違和感が消えるまで時間のかかる漫才をやったって結果は目に見えている。

部内で面白いグループがやっていたネタを、男女に替えただけのネタだったのだろう。男女ならではの内容じゃないところにそれが滲み出ていた。とにかく、芸歴がなくて、なおかつウケないといけないなら、漫才を選択しては絶対いけない。

ビーハニは男女が文通しているネタで見事に爆笑を取り、4対1で勝利を収めた。


いよいよ優勝が見えてきた。あとは僕らの出る大将戦を残すのみだ。勝てば文句なく全勝優勝を飾ることができる。負けたとしても、みんなのお陰でかなりの確率で優勝が決まるだろう。しかし、部長としてかっこ悪い優勝だけは避けなくてはならない。

そんなことを考えているとドンドン硬くなっていく。そんな時は自分より緊張している人を見るに限る。僕は相方の鈴木くんをひとしきりいじって、自分を落ち着かせていく。

「大丈夫だ。負けるわけがない」

もう優勝は2校のどちらかに絞られていた。僕たちコロコロコミックスの出番は2戦目の後攻。相手を見てからの出番になる。ここまできたら先にやりたかったがしょうがない。袖から相手の大阪の大学のコンビ、「南極《なんきょく》たろう・じろう」の漫才を観る。喋りがとても達者で上手い。かなりの漫才師だ。あまりウケて欲しくなかったが、最後にかけてドカドカウケていき、見事に持ち時間5分を終えた。

「これは俺らも相当ウケないとマズイ」

そう思って鈴木くんを見ると、ブルブル震えている。

こんな時は鈴木くんにやる気の出るドラマチックな一言を言わないと。僕は言った。

「笑いでみんなをブッ殺しにいこうぜ！」

鈴木くんはポカンとして僕を見つめていた。暗転。

僕らの出番だ。大学日本一になるために3年間やってきた。ここで負けるわけにはいかない。そんな思いで作った渾身のネタをぶつける。鈴木くんが僕の家に訪ねてくるという、小ボケをどれだけでも入れられるネタだった。こういうネタはボケの手数と精度が命だ。

「お腹減った」という鈴木くんに僕が冷蔵庫を開けて、「ビーフストロガノフがあるよ。これで何作ろう？」「それでいいよ！」というネタで最初の爆笑を取ってからは、全部のボケが爆笑の連続だった。僕が「お前ふざけんなよ！」と言いながら、自分が一番ふざけ続けるというラストで拍手がきて、5分間を終えた。ウケの量では圧倒的に勝っていたが、南極たろう・じろうも上手さでは相当なレベルだった。

あとは審査員の好みの問題だ。緊張の面持ちで結果発表を待った。優勝が決まる対戦なので、司会が審査員にコメントを求めた。

ある放送作家が、人気漫才コンビとあまり人気のないコントグループを挙げて「それくらい結果は明確です」というコメントを言った。南極たろう・じろうのジャンルは漫才で、コロコロコミックスはコント。僕たちが完全に負けたとしか取れない内容だった。

我々の落研に緊張が走る。そして、いよいよ結果発表。

一斉に札が上がる。3対2。接戦を制したのは、我々コロコロコミックスだった。

「よっしゃーーー！」

僕は叫んだ。部員から歓喜の声が上がる。みんなが舞台に上がってきた。

見るとさっきのコメントを言った審査員は僕らの札を上げていた。

「まぎらわしいコメントしてんじゃねえよ！」と心の中で突っ込む。

5勝0敗。我々落研は、決勝大会も完全勝利で大学日本一に輝いたのだった。

「俺、芸人の才能はなかったけど、福祉の才能がめちゃあんねん」

大学日本一になった我々落研には、優勝の賞品としてマクドナルドのハンバーガー1年分と古《こ》今《こん》亭《てい》志《し》ん生《しょう》のビデオセットが贈られた。

終わってみれば、予選から決勝まで負けなしの全勝優勝で断トツの面白さを発揮し、大学日本一の栄冠を手にした。

しかし、お笑いは結局団体戦ではなく個人戦だ。面白い大学日本一にはなったが、コンビでなったわけではない。大学対抗戦の後にはピックアップされたコンビがネタをやるコーナーがあり、対決ではない安心感も加わってドカドカ笑いを取っていた。

中でも印象に残っているのが、大阪の予選では負けてしまったが面白いと評判だった、梅本《うめもと》率いる「爆烈《ばくれつ》Q《キュー》」だ。

僕たちが優勝を決め、楽屋で和やかに過ごしていると、中肉中背で寝癖がついたような髪型に黒縁眼鏡の梅本がつかつかと寄ってきて、僕にこう言った。

「今から新しい笑い見せたるわ！」

初めて会ったのに、いきなりな発言に僕も思わず、「あーそうですか」と返し、颯爽と去っていく梅本を見送った。梅本との初コンタクトはこんなふうに「キャプテン翼」の日向《ひゅうが》小次郎《こじろう》の登場シーンみたいだったから、思わず笑ってしまった。


爆烈Qは5人組で「誰やねん！」というネタを得意としていた。どんなネタかというと、5人が梅本を中心に応援団のようにフォーメーションを組んでスタートする。基本的には梅本ともう1人くらいしか喋らない。例えば「キーン！」と言いながら両手を広げて走って来た人物に対して「アラレちゃん？」と梅本が聞く。すると「ううん。僕よしお！」とまったくアラレちゃんではない知らない人の名前を言う男。それに対して5人が一斉に「だ～れ～や～ね～ん！」と応援団のように腕を振りながら大声で叫ぶというネタだった。

基本的にこれの繰り返しで、水戸黄門だと思ったらよしおだった、などボケを積み重ねて見せていく。梅本の必死の形相と大声は若干震えて聞こえ、それが爆笑を誘う。そのスタイルは確かに新しく、爆笑を取っていた。若かりしころの「ラーメンズ」の姿もあったが、その時はオーソドックスな漫才で、爆烈Qだけが異彩を放っていた。

鮮烈な登場を飾った爆烈Qは、その後梅本以外のメンバーを一新。同じ事務所の所属になり、いろいろテレビにも出ていたが解散。梅本は芸人を辞めてしまった。

そんな梅本に最近、偶然道でばったり会った。

梅本は今は福祉の仕事をしているらしい。久しぶりに会った僕に「俺、芸人の才能はなかったけど、福祉の才能がめちゃあんねん」と梅本は笑顔で言い、奥さんと子供を連れてドン・キホーテに消えて行った。とても幸せそうだった。毎日おじいさんおばあさんにモテモテらしく、梅本の取り合いになるほどの人気らしい。

人は何の才能があるかわからないけど「ここだ！」と決めた時、そこに才能は降りてくるんじゃないかなと、今まさに才能を発揮している梅本を見て思った。

「焼肉からタクシーなんて芸能人みたいだな」

僕たち落研のメンバーは「第2回全国大学対抗お笑い選手権大会」で、全員優秀賞をもらった。中でもこまっちゃんとホネっち先輩の「ミサイルマン」は最優秀賞を取り、特典としてラジオ番組を30分やらせてもらえることになっていた。ミサイルマンがメインで喋る番組である。いきなりとんでもないことになった。

こまっちゃんは「自分たちだけだと上手く喋れないから、谷井《やつい》や今立も出演させたい」と事務所に言ってくれた。ホネっち先輩は嫌そうだったが、僕たちも出ることになった。

とんねるずさんや電気グルーヴさんのラジオを聴いて育った僕にとって、ラジオは夢だ。それをいきなりやらせてもらえるなんて！　また1つ夢が叶った瞬間だった。

そして、もう1つ夢が叶った。落研に部室が戻ってきたのである。

大学側に、大学お笑い日本一になったと報告すると、落研に部室をもらえることが決まった。空手部に取られて5年。落研の悲願であった部室奪還にようやく成功したのだった。早速、部室に敷くための畳を買いに行く。当時、唯一車を持っていたビーハニのツモっちとこまっちゃんペアがその任にあたり、見事な交渉で中古の畳をただでもらってきてくれた。それを敷き、みんなで横になった時の感動は忘れられない。

「これ僕たちの部室なんですね」

こまっちゃんが言う。

「そうだよ。やっと手に入れたね」と僕。こまっちゃん、ツモっちと敷いたばかりの中古の畳に横になり、三国志で徐州《じょしゅう》の城をもらった劉備《りゅうび》もこんな感じだったのかな、とちょっと思った。劉備みたいに取られちゃ駄目だけどね。

部室はラジオ出演のための練習にもってこいだった。テープに自分たちの喋りを吹き込んで聴いたりするのを、学食でやっていたら馬鹿だと思われてしまう。

部室は密閉空間だから、誰にも邪魔されずにトークの練習ができる。何度かみんなで喋り、それを録音して聴き、笑う。「俺たち、めちゃ面白いな」とか言いながら。

ラジオ収録の日がやってきた。八王子の田舎から都会に向かう。ただの大学生がいきなり地上波ラジオである。緊張はＭＡＸだった。

しかし、何度もテープに吹き込んで練習していたので自信はあった。ホネっち先輩、こまっちゃん、僕、今立がラジオをやるメンバーだ。この４人で喋れば30分なんてアッという間だ。「いきなりレギュラー番組になったりして？」そんな糞みたいな自信は、塵《ちり》のように消し飛ぶことになる。

——赤坂20時集合。赤坂なんてモノポリーでしか見たことがない街だ。漠然と、大人が悪巧みをする時に使う料亭なんかがあるイメージだった。同じ東京でも、僕らの住む八王子とはまったく違う。赤坂に行くだけでちょっとドキドキしていた僕たちは、20時少し前にみんな集まり、ラジオを収録、放送してもらう放送局に向かった。多分、放送局というものに入ったのは初めてだったと思う。

「すげーすげー」と言いながら、僕らは放送局の中に入った。

僕らを引率しているのは「全国大学対抗お笑い選手権大会」を主催していた事務所の人

だった。マネージャーがついているタレントのような気分を味わう。ここは全国ネットの放送局。もしかしたら芸能人に会えるかもしれない。そんな淡い期待を抱きながら、なるべく平静を保っているフリをしていた。そんなの子供の死んだフリと一緒で、大人が見ればすぐバレる。

事務所の人からいろんな人を紹介された。僕らは緊張しながらも、余裕ぶる。早速ラジオの収録ブースに案内された。ドキドキしながらブースに入る。ここでいろんな面白い放送がされたんだなーと感慨深くなる。

バリバリの現役ラジオディレクターが1人で収録の準備をしていた。

「よろしくお願いします！」とみんなで挨拶。

「緊張しないで頑張ってね！」と声をかけてもらう。

緊張しないわけがないが、なるべく大学で喋っているような気持ちで臨もうと思った。

「とりあえず30分なんで、録ってみましょうか」とディレクターの方が言った。いきなり始まるようだ。

最優秀賞に輝いたミサイルマンのこまっちゃんとホネっち先輩、そして今立、僕の4人はブースのマイクの前に座りスタンバイをした。ミサイルマンの番組なので、最初の一声はこまっちゃんとホネっち先輩で始まった。そこから自己紹介。そして僕たちは部室での練習の成果を生かし、フリートークを始めた。

4人で喋ると話はどんどん転がっていき、大盛り上がりだった。気付くと30分たってい た。「余裕だったなー」と思いながら満足気に番組の締めをミサイルマンの2人に任せる。

番組収録終了。4人ともなかなか良かったと思ったのか、雰囲気も明るい。

ガチャッという音がしてディレクターが入ってきた。

「いやー良かったよー。みんな面白いねー」なんて言われるかと思っていたが、真逆だった。ディレクターの顔は険しく変化していた。

「全然ダメだよ」

本当に良いところが1つもないという顔でディレクターは言った。

凍りつく4人。そこからラジオというものについて、一から話をしてもらった。

「ずっと4人だけで笑ってるけど、全然面白くないよ。笑い過ぎだよ。素人の君たちが最近あった話をしても、みんながビックリするくらいのことをしてなかったら、誰も聞かないよ。君たちに誰も興味がないってことをわかってないね」

要約するとこういうことだった。客観的に考えたら確かにそうだった。僕たちのことなんて誰も知らない。僕らはちょっと優勝しただけで、自分たちが凄く面白い人になったと思っていたのかもしれない。ラジオを作っているプロからすれば、誰も興味がない人間の番組をどうにかしないといけない、とやってくれているわけだ。

それを、こなれたフリをしたど素人が偉そうに喋るわけだから、ダメに決まっている。意気消沈とはまさにこのことだった。

しかし、番組は録らないといけない。元気がなさ過ぎても変だ。一生懸命テンションを上げて喋る。やり直し。またやる。やり直し。そんなことを繰り返しているうちに、たった30分の番組の収録だったのに、すっかり夜は更けていく。

ディレクターさんも疲れた雰囲気ビンビンだった。それでもダメな僕らにつきあってくれた。大学対抗お笑い選手権の審査員長も務めていたTBSラジオアナウンサーの浦口さんものぞきに来て、アドバイスをくれた。なんとかディレクターさんも納得してもらえる収録を撮り終えた頃には深夜0時を回っていた。

僕たちはクタクタだった。長かったせいもあったが、それよりもこんなに自分たちがやっていることをダメだと言われたことがなかったからだった。

趣味でやっていることに対して、とやかく言ってくる人はあまりいない。しかし、プロになったらそうはいかない。評価が常について回る。特にお笑いなんて、みんなが批評家だ。とやかく言われて、やっとプロなのかもしれない。

ヘトヘトの僕らに、もっとヘトヘトであろうディレクターさんが「君たち頑張ったから、焼肉をご馳走してあげるよ」と言ってくれた。

赤坂で焼肉をご馳走になった。僕が今まで食べた焼肉で、この時食べた肉が一番うまかった。こまっちゃんは1カ月なにも食べてなかった人みたいに高い肉を食べまくっていた。2人で「タッパーに入れて持って帰りたいね」なんて言い合った。

もう電車もないのでと、タクシーチケットをもらい、みんなで帰った。焼肉からタクシーなんて芸能人みたいだなと思った。

タクシーの中ではラジオが流れていた。その日お世話になったTBSラジオの番組だった。こうやって僕らの番組も聴かれるんだなと思ったら、嬉しさで疲れも吹き飛んだ。それから20数年が経った今、僕はTBSラジオで番組をやらせてもらっている。

ホネっち先輩が弟子入り!?

初出場かつ全勝優勝ということで、我々の落研はいろんな大学のお笑いサークルから誘いを受けるようになった。他大学のライブを観に行ったり、出してもらったりと、学外での活動も活発になっていった。

学内でも自分たちでの、日本一になりましたよ！　という必死の宣伝が功を奏して「うちの落研は相当面白い」というイメージが付いていき、違うクラブから一緒にライブをやらないかという誘いも受けるようになった。

音楽サークルとは相性が良く、バンドとバンドの転換部分でのネタを担当するライブを共同開催したりした。当時一緒にやっていたバンドの中から、その後物凄く有名になるバンドがいたりして、今考えるとかなり贅沢なライブだったなーと思う。

この年は、僕が大学に入学した時に考えていた目標がことごとく叶った年になった。落研は有名クラブの仲間入りを果たした。

しかし、大学生は卒業してしまう生き物だ。これまで随分と活躍してくれたホネっち先輩が卒業してしまう年でもあった。ホネっち先輩とこまっちゃんのミサイルマンは、大会で最優秀賞に輝くコンビだったので痛手は大きい。


ところが、ホネっち先輩は就職活動をしていなかった。ある時、将来の夢を聞くと「落語家になろうと思ってんのよ」と言われた。なるほど、確かにホネっち先輩は時々ライブで落語をやってはスベっていたほどの落語好きだ。どうやらアテがあるらしく、今度師匠に会いに行くらしかった。

その師匠とは、残念なことに2015年にお亡くなりになった人間国宝の桂米朝《かつらべいちょう》師匠。とんでもない大師匠である。

ホネっち先輩が桂米朝師匠に弟子入り？

凄いことになった。まだ決定したわけではないが、会うことはできるらしい。自信をちらつかせながらホネっち先輩は、颯爽と関西に向かった。

「ホネっち先輩、大丈夫かな」

僕らは心配だった。ホネっち先輩は、高校時代からお笑いが好きだったらしいが、当時の同級生に話を聞くと「本当につまらなかった」という意見しか出てこないくらいの人物である。


何日かして、ホネっち先輩が部室に顔を出した。

早速話を聞いてみると、宣言通り米朝師匠に会うことができたらしく、家に招待されたそうだ。すき焼きまでご馳走になったという。

ホネっち先輩は誘われるがままに、すき焼きをたらふく食べた。そしてホクホク顔で家に帰り結果を待つと「弟子にはできない」と電話で言われたそうだ。ホネっち先輩は、あんなによくしていただいたのだから絶対弟子になれると思っていたらしい。

しかし、結果は不採用。

ホネっち先輩は食い下がる。

「なんでですか?」

米朝師匠は言った。

「初めて会うた師匠の家にあがって、すき焼きまで食べるような子は弟子にするわけにはいかん」

この話はホネっち先輩から聞いた話だし、もう20年以上前の話なのでニュアンスが多少違うかもしれないことは汲んでもらいたいが、とにかくそう言われたらしい。

ホネっち先輩は僕に言った。

「大好きな師匠に家来てメシ食えって言われたら、行って食うやろ！　そりゃ～」

僕はなんとなく師匠が断った理由がわかる気がした。品《ひん》の話だと思った。上品と下品は人それぞれ感じ方が違う。その感覚の違いは如何ともしがたい。僕が思う品と他人が思う品はちょっと違うし、下品に見えて上品なものもある。

ホネっち先輩は、すっかり将来の目標が見えなくなったようだった。しかし、すぐに元気を取り戻した。だが、就職活動を始める気配はない。どうやら落語家がダメなら、こまっちゃんと最優秀賞に輝いた「ミサイルマン」でなんとかしようとしているらしかった。なんと都合の良い男だ。一旦カッコつけて解散し、「俺は落語家になる」と言っていたのに、一回断られただけで諦めて、すぐに上手くいっていたコントに戻ろうとする。その甘ったれた性根を師匠に見抜かれて、弟子入りを断られたに違いない。

ただ、そのホネっち先輩の性根の悪さが面白いんだけどね。

しかし、こまっちゃんはホネっち先輩とコンビを続ける気がなかった。そもそもそこまでプロ思考ではなかったし、まだまだ2年生だ。もうすぐ卒業で焦っているホネっち先輩とは全然違った。

こまっちゃんは、同期のピンで活動していたケンポーと組むことにしたらしい。2人はなかなか相性が良さそうだ。しかし、問題もある。ネタだ。それまではホネっち先輩が台本を書いていた。といっても全然面白くなく、それをこまっちゃんがガンガン面白く変えてネタを作っていた。とはいえ、最初のたたき台を作る人がいなくなった。

こまっちゃんはそれをケンポーに任せたかったようだが、ケンポーもそういうタイプではない。ということで、最初は僕がネタを作ることになった。そもそもこまっちゃんとは家もスサキ荘で一緒だし不都合はない。

そんなわけでホネっち先輩は、押さえと考えていたミサイルマンでやっていくルートも閉ざされた。僕は一回断られても、本当に落語家になりたいなら、なんとかしてなればいいじゃんと思ったが、本人は当分そんな気になれないようだった。

「明日になればわかるから」と、それ以上は教えてくれなかった

「暖かい日がやってきたら、いつでもいきますよ！」ってくらい、桜の蕾《つぼみ》が大きくなってきていた。大学には桜がそこら中に植えてあって、満開になるとそれはそれはきれいだった。だけど、この日も相変わらず寒く、まだまだ開花は先になりそうだった。

卒業式当日。我々落研の1年生から3年生は卒業生を送り出すべく部室に集合していた。この年卒業する先輩方は、大成さん、古川さん、辞めてしまったが、元「ラ・呼吸困難」のごっちゃん先輩、籍だけは置いてあった女子部員の鈴木さんと大西さん、そして前部長のホネっち先輩だった。

うちの落研では式典を終え、出てくる先輩たちを見つけては「おめでとうございます！」と声をかけたり、写真を撮ったりして見送るのが恒例になっていた。そのために式典が終わるちょっと前にみんなで部室に集まっていたのだ。

式典が開かれる大学内の講堂から、それぞれ学科ごとに教室に戻る。卒業生の会があるので、講堂から教室を繋ぐ道には先輩たちを見送るためにたくさんの在校生が集まっていた。いろいろなクラブの後輩たちが、続々と出てくる卒業生の中から先輩たちを見つけては「万歳！　万歳！」と叫んだり、胴上げをしたりと華やかである。

我々落研も負けじと先輩たちを見つけては「おめでとうございます！」と声をかけていった。大成さん、古川さん、ごっちゃん先輩……と、ほぼすべての先輩を見つけることができたが、1人だけ全然見つからない先輩がいた。

……ホネっち先輩である。

式典を終えた卒業生がすべて出終わるまで待っていたが、ホネっち先輩を見つけることができなかった。「あれ？　見逃したのかな？　ホネっち先輩見た？」と僕らは話し合ったが、誰も見た者はいない。おかしい。講堂から教室までは一本道なので、出てきていれば見逃すわけがない。

「どうしたんだろ？」と僕たちは一旦部室に戻った。

話し合いの結果、学友会をやっていたホネっち先輩だから、先に出てしまい、卒業生の会のための準備をしていたのではないか？　という結論に落ち着いた。確かに、ない話ではない。卒業生の会を終えた落研の先輩たちは全員部室に顔を出してもらい、挨拶をしてもらうことになっていたので、最悪でもそこで会うことができるだろう。

僕たちは「最後の最後で誰にも気付かれないとか、さすがはホネっち先輩だ」と、ないがしろにされるホネっち先輩という存在を笑い合っていた。しかしその後、他の先輩たちは全員部室に顔を出してくれたのに、ホネっち先輩だけ最後まで現れなかった。先輩たちに聞いても、その日はホネっち先輩を見ていないという。

おかしい。みんな学部は違うとはいえ、同じクラブでやってきた同期だ。会いたくないわけがない。大成さんがホネっち先輩と同じ学部の人に連絡してくれた。その人も見ていないという。どうやらホネっち先輩は卒業式に来ていないようだ。

どういうことだ？　尾崎豊《おざきゆたか》とは似ても似つかないホネっち先輩が、卒業式をボイコットするとは考えられない。バイクだって盗まれこそすれ盗んで走り出すような人間ではない。落語家さんに弟子入りできなかったから「行く～先も　わか～らぬまま」ではあったが。

行く先もわからない不安な状態？　そうだ！　そういえば、ホネっち先輩が前日部室で僕に向かって変なことを言っていたのを思い出した。

「明日になったら、いろいろわかるわ」

僕は「こいついきなり何を言い出してんだ？」と思ったが、「どういう意味ですか？」と聞いてみた。しかし、ホネっち先輩は「明日になればわかるから」と、それ以上は教えてくれなかった。確かになんか変だった。真相がハッキリしないまま、何とも言えない気分になっているところに、学友会の人からホネっち先輩に関する驚きの情報が入ってきた。

「田中（ホネっち先輩）は昨日退学した」

「えーーーー！」

全員が一斉に叫んだ。

なんと、ホネっち先輩はすでに退学していたのだ。どおりで卒業式で見かけないわけである。「明日になればわかる」との謎の言葉もこれでハッキリした。

詳しく話を聞く。どうやらホネっち先輩は、ほとんど大学の単位を取っていなかったらしい。落語家になるための弟子入りがうまくいったら中退して行くつもりだったそうだ。

なるほど、ホネっち先輩の考えていたことが大体わかった。

そもそも卒業は確実にできないから留年するしかない。しかし、カッコ悪いし親に申しわけない。だけど「落語家さんに弟子入りしたから中退した」だったら、なんかカッコいいし、親もそこまで怒らないだろう。

ところが、現実には全然うまくいかず、弟子入りは失敗し、単位もまったく取れてないから留年か退学しかなくなり、退学を選択した。そして、「明日になればわかる」と悦に入った台詞を吐いて姿を消したのだった。

もしかしたら、本人の頭の中では本当に尾崎豊の音楽が流れていたかもしれない。

とにかく凄いダサさだ。そりゃ、弟子入り断られるわ、とみんな呆れた。

「ホネっち先輩は本当にバカだったんだな」と、1人また1人と家に帰っていった。

花咲く前の蕾のまま消えてしまったホネっち先輩。

どこかで花を咲かせてくれていればと、満開の桜を見て思った。

「笑い」を仕事にすることが一番良い

ウルフルズ「ガッツだぜ!!」、SMAP「SHAKE」、JUDY AND MARY「そばかす」などが大流行した年だ。フィッシュマンズのアルバム『空中キャンプ』が発売されたのも、この年だった。巷《ちまた》ではコギャルがもてはやされ、ルーズソックスが大流行していた。

そんな1996年春。僕はとうとう大学最終学年の4年生になった。大学生でいられるのも、あと1年である。周りは就職活動などで忙しそうだ。僕は就職活動をまったくしていなかったし、するつもりもなかった。

そりゃそうだ。だって、生まれてから一度もどこかの会社に入りたいと思ったことがないんだから。漫画『課長　島耕作』を全巻読んだ時に、ちょっとサラリーマンになりたいな～って思ったくらいだ。漫画の影響で、登場人物の鈴鴨《すずかも》かつ子さんが良いんだよな～、京都も良いな～とか思ったりして。こんな調子で、周りがリアリティーを持って就職活動をしている中、何もしていなかった。

芸人として事務所に入っていたから就職していたともいえるわけだけど、そんなものどうなるかわからない。給料なんてものはなかったし。周りが就職活動でザワザワし始めると、何だか置いて行かれたような気持ちにもなった。

でも、その頃いつも思っていたのは、一番上手くいく可能性があるのは「笑い」のはずだということだった。何故なら4年になるまでの3年間、休まず毎日やってきたのが落研だけだったからだ。

そんなに一生懸命やってきたのだから、笑いのスキルと関係ないところに就職なんてしても、1年の頃から自分のやりたい仕事のために頑張ってきたやつに勝てるわけがない。だったら、ずっとやってきた「笑い」を仕事にしたほうがまだ可能性がある。それだけは他の大学生よりはやってきた自信がある。だから「笑い」を仕事にすることが一番良いのだと。この考えで、周りの就職活動に影響された焦りのようなものを捻り潰していたのだった。

とにかく僕はプロの芸人としてやっていくつもりだった。そして、まだ1年ある。最後の1年で我が落研を盤石《ばんじゃく》なものにしようと決意していた。

落研は大学日本一になり、部室も奪還し、当初の夢はすべて叶えた。あとは、部員を増やして大学最大のクラブにするだけだ。たくさんの人材を確保して、もう二度と潰れることのないクラブ作りが目標となった。そして、その年も開かれるといわれていた「全国大学対抗お笑い選手権大会」での2連覇も当然視野に入れていた。

まず、4年生になったので部長の職を後輩に譲った。

今立、こまっちゃん、澤田の誰を部長にしよう？　誰がなってもよい気がする。あとはやる気だ。今立はとにかくそういうものになりたくないようだった。ライブやイベントでは、司会などメインでやることが多かったが、部長はやりたくないらしい。人には向き不向きがある。部長にならないほうが、うまくやれる人もいる。

部長候補は澤田とこまっちゃんの2人に絞られた。

澤田は後輩からイジられるほどの愛されキャラで、ある意味部長にすれば上手くいきそうだったが、リーダーシップという面では不安がある。名作野球漫画『キャプテン』でいうと近藤のようなタイプだ。こまっちゃんは大会で最優秀賞に輝くなど実力は申し分ないし、お金はまったく持ってないがリーダー的資質は持っている。しかし、少し激情家なところが不安材料だった。名作野球漫画『キャプテン』でいえば丸井である。

人間にはみな一長一短がある。短所がない人間はいない。しかし、それを上手く組み合わせれば、より強くなる。それが組織の良さだ。城の石垣を見ればわかる。大きかったり小さかったりいろんな形の石を組み合わせて何百年も壊れないものをつくっている。

丸井と近藤。うーん、うん？　ナイスカップルじゃないか！

丸井の激情を近藤ののほほんとした性格が和ます。これだ！　名作野球漫画『キャプテン』に答えが描いてあるじゃん！　というわけで、こまっちゃんを部長、澤田を副部長に任命することにした。まったくタイプの違う2人だがお互い認め合っているし、良いタッグができた。組織が嫌いな一匹狼タイプは、今立が受け皿になってくれるから安心だろう。

僕と部長のこまっちゃんは、住まいがスサキ荘で一緒なので、悩んだら相談に乗るのも簡単だ。こうしてどんなタイプが来ても対応できる盤石な体制ができあがった。

あとはたくさんの新入部員を入れるだけだ。

そして、「新入生獲得」の戦いは始まった。

なんといっても、大学日本一になったのはデカい。それまでと違い、日本一というだけで新入生が興味を持ってくれた。部員獲得のための新入生歓迎ライブのチラシもみんながもらってくれる。過去最大キャパの教室を借りたが、いっぱいになりそうな勢いだ。これは期待できるぞ、という手応えを感じた。

しかし当たり前だが、そこに面白い人材がいるかはわからない。それまではたまたま面白い人間が集まってきたが、この年はダメかもしれない。でも、たくさん入ってくれれば確率は上がる。とにかく部員を入れることには、百利あって一害もない。

そうして迎えた新入生歓迎ライブは満員御礼の大成功を収めた。

入部を希望する者も過去最多を記録した。その中に、名作野球漫画『キャプテン』でいえばあのイガラシ級の天才がいるのを、この時はまだ誰も知らなかった。

スベろうがスベるまいが関係ない存在になる

新入生歓迎ライブを終えたばかりの教室には、たくさんの新入生が残っていた。この年は男女合わせて20名ほどの入部希望者が集まった。これで部員数も一気に倍以上だ。部員100名まではまだまだだが、50名まではもうすぐだ。1人も辞めることなく最後まで落研で活動してくれるように願う。

新入生は希望と不安が混ざった顔をしていた。一人一人自己紹介をしてもらう。まだみんな緊張していて硬いが、そこに個性が光ったりするので面白い。変な声や変な癖、どこでもいいから面白い部分があれば、そこを突破口に輝けるのが落研だ。

この年はいつにも増してキャラ揃いだった。モミアゲが異常に長い者、巨漢の女の子、物凄く訛《なま》っている者など、磨けば光りそうな人材に溢れていた。

そんな中に1人、トンデモない実績を持っている男子がいた。

その男子はなんと高校3年生の時に、あの吉本興業がプロではない漫才グループを集めて開催した九州漫才大会の福岡大会で、高校生ながら大人のグループを抑えて優勝したという逸材だった。その模様は九州ローカルだがテレビ放映され、そのまま吉本興業に入らないか？　と言われたほどだったらしい。

凄い1年生が現れたもんだ。それまでも今立、こまっちゃん、小川くんと高校時代からお笑いをやっていた即戦力が入ってきたが、今回はそれに輪をかけた逸材だ。何しろ九州一のセミプロ漫才師が入ってきたのだから。上京とともにコンビは解散していて1人になっていたとはいえ、ネタを作っていたほうとのこと。これは期待ができる。まだ実力のほどは見ていないからなんともいえないが「よし！　これであと4年は安泰だ」と密かに安堵した。


新入生との交流を兼ねて外に出る。

それまでは、勝手にコンビを組んでもらって各自ネタを作ってもらい、新人ライブに出すというかなり荒っぽい運営をしていたが、これだと個性が光る前に諦めて辞めてしまう者が出てしまっていた。そこで、その年からはいろんな方法で部員の面白さを引き出すことを始めようと思っていた。といってもフォーマットはないので、一から考えながらだ。

まずはキャンパス内の芝生で「ダルマさんが転んだ」をやることにした。

きっと小学生以来やっていないだろう。でもあえてそれを全力ですることで、その人が持ってる面白さが溢れだすんじゃないかと思った。

新入生はみんな戸惑っていた。

そりゃそうだろう。お笑いをやるクラブに入部したと思ったら、いきなり外に連れて行かれて「ダルマさんが転んだ」をやらされるのだ。意味がわからない。

僕が鬼になり2、3年生と新入生を遠くに並ばせる。

「始めのい〜〜〜〜っぽ！」

掛け声とともにみんなが一歩前に出る。

新入生は普通に一歩しか出ていなかったが、新部長のこまっちゃんだけが僕の物凄く近くまで来ていた。そこはあえて触れずに続ける。

「ダルマさんがこ〜ろんだ！」

と言い終わる前に、こまっちゃんに切られてあっという間に1ゲーム終わってしまった。

「いつの間にこんな近くに！」

僕が言うと新入生がみんな笑った。

そこからは一気に緊張がとけたようで、和気あいあいと「ダルマさんが転んだ」を楽しんだ。春のポカポカした陽気のもと、みんなで遊ぶのはそれだけで楽しい。

このゲームを通していろんなことがわかった。

率先してやるタイプ、考えるタイプ、身体の動きが変な人、運動神経が良さそうな人などなど。天然で面白い人は、単純な遊びをするとすぐわかる。そういう新入生を見つけては遊びの中で笑いになるようにいじる。いじられることを不快だと思われてしまうと人間関係は一気に難しくなる。いじられるということは、周りのみんなに愛されているんだなと思ってくれれば一気に面白くなる。そして、その個性がみんなの共通認識になっていけば、スベろうがスベるまいが関係ない存在になる。こうなってくれれば、もう怖いものなしだ。そんな経験を早くしてほしい。それにはゲームがうってつけだった。

こういう場での新副部長の澤田の活躍は半端ない。

笑われたくないと身体が硬くなっている新入生を尻目に、のびのびと変な動きをしている。澤田自体はカッコよく動いているつもりなのだが、はたから見ると明らかに変なので、そこをいじると新入生がみんな笑う。天然の見本のような存在だ。

そこからは新ルールを追加して「ダルマさんが転んだ」を楽しんだ。「すべてを全力でやる」とか、「止まる時の形が面白くないと捕まる」とか、「止まった時にすっぱい顔をしていないと捕まる」など、いろんなルールを出して新入生の個性を引き出す。

あっという間に暗くなり、ゲームは終了となった。


みんなでご飯を食べに食堂に行く。教室にいた時とは別人のように新入生の顔が光っていた。さっきまではお互い牽制しあっていた新入生同士も「コンビを組もうか」という話題が出るなど、交流も一気に進んでいるようだ。今年も「全国大学対抗お笑い選手権大会」2連覇を目指し、最高のスタートを切れた、と思った。

そんな中、新入生の1人が近づいてきた。

九州漫才大会の福岡チャンピオンに輝いたという男子だ。彼は言った。

「落研の活躍をテレビで見ました。この落研でやりたいと思って、プロになるのを辞めてこの大学に入学しました。よろしくお願いします！」

この新入生こそ、後のナイツ塙《はなわ》宣《のぶ》之《ゆき》、その人であった。

「ガガガラのライブなんて御免だ」

我が落研では、新入生歓迎ライブが終わるとすぐに、新入部員たちのお披露目ライブが行われる。新入生たちはネタ作りに余念がなかった。

僕と鈴木くんの「コロコロコロコミックス」、今立と澤田の「ポゲムタ」、小川くんと川島くんの「耳なり」、そしてホネっち先輩はいなくなってしまったが、こまっちゃんが同期のケンポーと組んだ新しいコンビ「ネガチョフ」と、ほぼ去年の戦力は残ったままのところに、新たに新入生グループが加わった。

男子コンビの「ちょっとマチコ」「がぶりよつ」「日替《ひが》わりランチ」。そして女子のグループもたくさんできた。3人組の「きょせん」、コンビの「ハナウタ女子《じょし》」、落語をやりたいと1人で入部した「南亭乃ん喜《なんていのんき》」の6組だ。

一気にコンビ数は約3倍になったのである。

しかし、この中に高校生にして福岡漫才チャンピオンになった塙くんのコンビはなかった。解散したコンビの相方が東京に出てくるかもしれないという話があるらしく、ちゃんと決まるまではピン芸でやることになったのだった。

芸名は「ハナワ327」。漫才で優勝しているだけに、少しもったいない気もするが、こればっかりはしょうがない。


新入部員お披露目ライブが始まった。

落研は日本一になったことで、新入部員が激増した。部員が増えればそれだけ部員たちの友達が増える。大学でのライブのお客さんはすべてと言っていいほど誰かの友達だから、お客さんも部員数に比例するように激増していた。たくさんのお客さんの前でネタができるなんて、3年前から考えたら夢のようだなと思った。

僕は相方の鈴木くんが就職活動中という事情もあり、古いネタをやることになっていたので、空いた時間を新入生のネタ作りのアドバイスなどに使うことができた。自分たちでできる者たちはどんどん自分たちで作ってくれればいいが、人としては面白いがネタ作りはちょっと、という人もいる。本人でもよくわかっていない個性を発揮できるように、いろいろアドバイスをしたりした。

新入生たちのネタ見せ会が開かれた。驚いたことに、ほとんどのグループがちゃんと面白かった。これならこれ以上あまり言わなくても、そのままで大丈夫そうだと思った。しかし、みんながみんなそうはいかない。

「ピー関《せき》」というあだ名の関くんはコンビを組めずにいた。一応ピンでネタ見せをやったが、よくわからないことを大声で言うだけで、舞台でウケないことは明白だった。落ち込んでいるピー関と話す。

ピー関は話し方がすこぶる面白かった。「これは逸材だ！」と確信した。ネタ見せ後、すぐにピー関の家に遊びに行った。いろんな話をする。

「初めての一人暮らしでよくわからず、家の隣にあったトンカツ屋さんがめちゃくちゃ美味しいので、毎日食べてたら金が全然なくなっちゃたんです。もうどうしたらいいかわからない」と言っていて、ちょっと考えればわかりそうなことがわからない感じにグッときてしまった。僕は言った。

「毎日トンカツを食べなきゃいいんじゃないか？」

ピー関は一瞬で晴れやかな顔になり言った。

「そっか〜！」

ピー関は一事が万事こうだったから、最高に面白かった。

ある日は、前歯が完全に折れた状態で血を流しながら大学に来たので「どうしたの？」と驚いて聞くと、「自転車でコケてガードレールに歯を打っちゃって。めちゃめちゃ痛いんですよー」と血だらけで言う。笑いそうになったがこらえ、「大学じゃなくて病院行けよ」と思ったが、それは言わずに「大変だったな」とだけ言い、観察することにした。

そうするとピー関は「痛すぎるー！　やついさん！　俺病院行ってくる！」と「もっと早くわかっただろ！」とこちらが思うことを言ってくれたりするので、もう目が離せない。


すっかりピー関にハマってしまった僕は、ウケないネタをやるピー関こそ面白いと思うようになり、アドバイスもあえてしなかった。

そんな感じだから、ピー関は部員みんなに愛されていた。プロになるわけじゃないんだから、ネタがウケようがウケまいが別にいいのだ。そんなことより、みんなに愛されるかどうかが大事だ。それは将来何をやるにしても、とても役に立つ。それができているんだから、ピー関に言うことは何もなかった。ピー関は卒業するまでの4年間、ネタでは一度も笑いを取らずに終わったが、部室では一番笑わせてくれる最高の部員の一人に成長していったのだった。

期待の新入生ハナワ327は、坂本龍一《さかもとりゅういち》さんのモノマネなどで器用に笑いを取ってはいたが、やはり爆笑はなかなか難しかった。塙くんもピンはもういいかなと思っているようだった。といっても、同期でコンビを組んでいないのはピー関しかいない。

そんな中、2年生のツモっちが、塙くんと漫才をやりたいと言い出した。全国大学対抗お笑い選手権では男女コンビの「ビーハニ」で活躍してくれたが、その時はコンビもなかった。

塙くんのピン芸を見ていて、ツッコミがあったほうがいいと思ったらしい。お互い九州出身という共通点もあり、センスも合いそうだ。塙くんは悩んでいたが、ツモっちの強い思いもあり、2人は漫才コンビを組むことになった。コンビ名は騎士道と書いて「ナイツ」。

こうして、将来浅草の漫才協会の理事になるナイツは世に生まれたのであった。のちの相方、ツッチーこと土屋伸之《つちやのぶゆき》が落研に入ってくるのは、この2年後のことである。

落研をやりながらも事務所預かりになっていた我々コロコロコミックスは、外でのライブも活発になっていた。中野駅の北口を出てアーケードをまっすぐ進むと、僕らのライブが開かれていた劇場に到着する。「なかの芸能小劇場」である。

今ではたくさんのお笑いライブが開かれているが、その頃はまだ落語くらいしかやっていない劇場だった。そこで「冗談リーグ・スペシャル」という、学生からピックアップされたグループが出るライブが月1で行われていた。前売り５００円、当日７００円という安さだ。それでも満員にするためには、必死にチケットを売らなければいけなかった。

当時そのライブに出ていたのは、我々「コロコロコミックス」に「ポゲムタ」「耳なり」「ネガチョフ」「ラーメンズ」「おざわまき」「座《ざ》イス」「ＧＩサルタン」「コントロール」「オチライフ」「なにわかめ」「マクドナル」などなどで、20組ほどのコンビがしのぎを削っていた。この中で今でも芸人を続けているのは、僕らとラーメンズだけである。学生芸人は、みんながみんなプロになりたかったわけではないだろうけどね。

劇場のライブにはそれまでに３５０組以上が参加していた。その中から選ばれた20組。そして今も芸人をやっているのは2組というわけだ。なかなか厳しい世界である。

当時はライブごとの結果に一喜一憂していた。司会は何故そうなったのかわからないが、アックスボンバーさんというかなり芸歴のある芸人さんがやっていた。銀色の派手なパンツに、眉毛を太く描いてハイテンションなボケに関西弁のツッコミという正統派の漫才師さんだった。このコンビもやがて解散してしまった。

僕は八王子から中野に通っていて、その度にいろんな大学のコンビと仲良くなるのが楽しかった。お金がないし、家が遠いので、打ち上げみたいなものをした記憶はない。ライブが終わると同じアパートのこまっちゃんや、観に来てくれた後輩らと一緒に中央線ですぐに帰るのが常だった。その車内で、あの大学のコンビが面白かったとか、反省会をしながらスサキ荘に戻ってみんなで乾杯というコースだ。

「冗談リーグ・スペシャル」はネタに対して1点から5点で採点され、順位をつけられていた。やるからには1位になりたいと思っていた。

当時の資料を見ると面白い。その時のライブの結果表だ。

158枚のアンケートが回収されているところを見ると、なかの芸能小劇場ではなく北沢タウンホールで行われたスペシャルライブの時のものだろう。19組のコンビが出演して最後に大喜利までやっている。かなりのボリュームのライブだ。

この時のライブのことはよく覚えている。誰一人有名な人間のいないライブで、北沢タウンホールは埋まらないだろうという思いから、みんなでチケットを手売りすることになった。しかし、友達にばかり売っていては、いつまでたっても世間に広がらない。そこでタウンホールがある下北沢に来ているまったく知らない人に話しかけ、手売りしようということになったのだ。

ある休日の下北沢駅南口前に有志が集合した。

みんな普通の格好で集まったのだが、遅れてやってきたラーメンズだけは違っていた。2人ともバスローブを着てワイングラスを持ち、サングラスをして登場したのだ。僕らは「さすがラーメンズだな」と笑ったが、結果ラーメンズの手売りチケットは1枚も売れなかった。そもそも売る気がなかったんだろう。

僕たちもそれぞれ分かれて手売りを始めた。ナンパもしたことがなかった僕たちにとって、下北沢で知らない人に話しかけるなんて至難の業だった。それでも「ガラガラのライブなんて御免だ」という強い思いと気合いで話しかけていった。

やはり男性は話しかけてもまず無視だし、全然買ってくれない。女の子は話は聞いてくれるが、結局買ってくれなかったり、「マケてよ」なんて言われたりでなかなか厳しい。

それでも粘り強くやっていると、買ってくれる人がちらほら出てきた。この時は嬉しかった。そして、コツみたいなものもわかってきた。緊張感が伝わると、人は警戒するのか全然立ち止まってくれない。でも身体の力が抜けて話しかけると、足を止めてくれるようになる。要は街に身体を馴染ませないといけないんだなってことがわかった。街に対する異物感がなくなると自然になり、他人も警戒しなくなる。その街と身体がピタッとくる瞬間がなんだか面白かった。

「なんでもやってみたら面白くなるもんだなー」なんて思ったりした。

そんな中、ある有名人がお子さんと通りかかり、「私は頑張ってる若い子たちを応援したいのよ」と4枚もチケットを買ってくれてビックリした。

そのような努力の甲斐もあって、なんとか当日は満員になった。

その時の結果だけど、僕たちはトリで2位になっている。ネガチョフ5位、耳なり6位、ポゲムタ8位と、我が大学はやはり強かったみたいだ。ラーメンズは7位。この時1位の「おざわまき」は女の子ネタを得意とする男2人のコンビで、今は2人とも某大手出版社に勤務してバリバリやっている。

みんな気になっていると思うので記しておくが、チケットを買ってくれた有名人は安藤《あんどう》和津《かづ》さんと安藤サクラさんである。あの時は本当に嬉しかったです。いまだに感謝しています。ありがとうございました!!!

事件は露天風呂で起きている

落研も大所帯になってきたので、合宿をすることになった。

僕が1年生の時も合宿はあったが、大学内の施設に1泊するだけのものだったし、みんな途中で家に帰ったりして、結局、朝までいたのは僕を含めた3人ほどだった。合宿でも何でもない。今や30人ほどの部員がいる立派なクラブになった落研は、伊豆あたりの海でちゃんとした夏合宿をやることになったのだ。人数が多くなったので旅館を貸し切ることができるし、バスを1台借りることもできた。それは助かる。

我々が泊まる旅館は、露天風呂もあるきれいなところだった。着いたそばから早速みんなで歩いて海に行く。海では「海水パンツを脱がせる遊び」で盛り上がった。

近年、めっきり「海水パンツを脱がせる遊び」をしなくなった。

海に行き、友達の海水パンツを脱がさなくなることを大人になると言うのかもしれない。いや、言わないかもしれない……。辞書で「大人」を調べたら、説明文の中に「海で友達の海水パンツを脱がさなくなった人のこと」の一文を見つけるかもしれない。いや、見つけられないかもしれない……。


ひとしきり遊んで旅館に戻る。

海水を落とすために温泉へ。露天風呂がなかなか広くて気持ちいい。

風呂にみんなで入るのは、仲良くなるのにもってこいの方法だ。体を隠すものがない状態だと不思議とみんな本音を喋ってくれたりする。僕は今でも仕事で地方に行ったりすると、1人で温泉や健康ランドに行く。温泉自体が好きなのもあるが、そこに住んでいる人たちの生の会話を聞くのが好きなのだ。観光スポットじゃない限り、基本的に温泉施設は地元の人たちの憩いの場所だ。面白い話がたくさん聞ける。


何年か前、長野で泊まりがけの仕事があったので早速ネットで調べて、深夜までやっている健康ランドに向かった。お湯でさっと体を流して、露天風呂に向かう。内湯はのぼせて長湯ができないので、あんまり面白い話は聞けない。やはり露天風呂が一番だ。「事件は内湯で起きてるんじゃない!! 露天風呂で起きてるんだ!!」と「踊る大捜査線」の青島《あおしま》なら言うのだろう。

案の定、大学生くらいの男3人がクリスマスの話をしていた。さっそく近くに身を沈める。

1人声が大きい男がいて、そいつを中心に話は進んでいった。1人は合いの手を入れる係をしていて、もう1人は寡黙。大抵の3人組はこうだ。どうやらこの春、大学を卒業する3人のようだ。

声の大きい男は自分が喋った後に、必ず自分で笑い声を入れるタイプの話し方をする。そこから察するにかなり臆病なのだろうな、などと想像するのが楽しい。

「リア充のやつらはみんなでスキーに行くらしいぞ! 俺たちはこっちで飲み会でもするか!」などと声の大きい男は調子よく喋っている。なるほど、大学も終わるからみんなで卒業記念に近くのスキー場に行くようだ。そこに呼ばれていない男3人なのだろう。よくある話だ。「そんな少数派の俺たちは面白い」という、選ばれなかったことを選ばれたことにすり替える、ねじれた自意識みたいなものを声の大きい男から感じていた矢先、話は意外な展開を見せた。

最初は話を合わせていた2人だったが、寡黙な男が突然「俺、スキー呼ばれてるからそっち行くわ」と言ったのだ。いきなりのことに静かになる声の大きい男。すると合いの手を入れていた男もおもむろに言った。

「俺もスキー行くんだよ」

黙ったまま目を見開く声の大きい男。振り絞るように言った言葉が、まだ僕の頭にこびりついている。

「じゃ、俺だけか……」

それまでと打って変わって、とても小さい声だった。

そんなドラマを体験できるのが、露天風呂のいいところだ。

落研男部員みんなで露天風呂へ向かう。

最初はダラダラと喋っていたが、そのうち女風呂はどこにあるんだろう、という話になった。露天風呂は藪のような庭と垣根で、女風呂と仕切られているようだ。この藪の中を進んでいけば、覗ける場所があるんじゃないか？　という話になった。

面倒くさいし別にいいかと思っていたが、1人異常にテンションが上がっている者がいた。1年生のKだ。Kは身体が大きく真面目で、イジりどころがない感じの部員だった。そんなKが異常なほどのヤル気を見せ、「ちょっと行ってきます」と言うと、庭の木を掻き分けて四つん這いで消えていった。

「マジかよ〜」と大爆笑の僕たち。

ちょっとたって、戻ってきたKが言った。

「見えポイントがありました！」

Kのガッツとバカバカしさに落研男子一同盛り上がる。

じゃ、さっそく行ってみようと僕を含めた何人かが四つん這いになり、Kに先導させて藪の中を進んで行った。

目の前にKの肛門がある。思わず笑ってしまう。

もちろん僕の後ろの者には僕の肛門が丸見えなわけだ。

あまりの絵力に爆笑している僕たち。するとKが真剣な顔で振り返り注意を促した。

「バレるバレる！」

1年生のKは真面目なやつだと思っていたが、露天風呂事件をきっかけに意外な一面がわかり、それからスケベと言えばKと言われるまでに成長していくことになる。

庭の藪を抜けた場所に垣根があり、そこが一部壊れていて覗くことができるようになっていた。しかし、爆笑していた声でバレたのか、誰もいなかった。

また前の者の肛門を見ながら露天風呂に戻る。無事戻ると、尻が痒《かゆ》かった。蚊に刺されたようだ。

「藪の中に裸で入ったからなー」とKを見る。

皮膚という皮膚をすべて刺されているんじゃないかというほど蚊に刺されていた。

爆笑する我々。

それからもKは1人で何度も藪の中に入っていき、女子部員全員から嫌われることになったのだった。

「そもそも俺たちがゴミなのに見つけた!!」

僕が4年生になって変わったことといえば、落研部員では僕と現部長こまっちゃんしか住んでいなかったスサキ荘に落研所属の新入居者が2人も来たことだ。

最寄り駅から徒歩1時間半、家賃1万8千円、4畳半一間、風呂トイレ（汲み取り式）共同、近くの女子大からはお化け屋敷と言われ、夏になると廊下を「キャー」と叫びながら走り抜ける女子大生が後を絶たないボロアパート、スサキ荘に新たに住む者が現れるとは思わなかった。

「東京に住んでる」と他人に言うと、ウソをついているような気持ちになるこのアパートに、1年生の塙くんとモミー（もみあげが長いのでこのアダ名になった）が引っ越して来たのだ。2人とも元々は、もうちょっとランクの高い部屋を借りていたのに、わざわざスサキ荘に越してきた。まったく物好きなやつらだ。

スサキ荘は2階建てで、入り口を入ると真ん中に土足で歩く廊下があり、左右に部屋があるつくりになっている。僕の部屋は2階の真ん中あたり、こまっちゃんの部屋は2階のトイレの前だった。塙くんは僕の2つ隣の部屋。モミーは1階の入り口を入ってすぐの部屋だった。

通りに面したところにコンビニがあり、スサキ荘はその裏に建っている。なので、コンビニからぐるっと回ると裏手が駐車場などがあるスサキ荘の入り口になるのだが、コンビニの横にある細い道を通ってもスサキ荘に入ることができた。そっちのほうが断然近いので、僕らはいつもそこから出入りしていた。

コンビニ脇の道を抜けると少し庭があり、そこに共同風呂と共同の洗濯機がある。夏の日なんかはお風呂に入った後、その庭に座ってビールを飲んだりした。なんとも快適な場所だった。

一度そこで、こまっちゃんとダラダラ飲みながら喋っていたら、コンビニの上にある住居に住む人から「静かにしろ！　貧乏人！」と怒鳴られたことがあった。かなりオールドスクールな悪口だ。コンビニの上にある住居を僕らは〝スーパースサキ荘〟と呼び、そこに住む人たちを〝スーパースサキ人〟と呼んでいた。

そんなスーパースサキ人からすれば、僕らスサキ人の金銭戦闘力はゴミのようなものだったのだろうな。とにかくビンボーな僕らは、それでもなんだか快適に暮らしていた。いつもお腹は空かしていたけれど。

そんなある日、革命が起こる。

いつものように細い道を通ってスサキ荘に帰ろうとしていたモミーが、ある場面に出くわしたのだ。それはコンビニの店員が、たくさんの廃棄処分される弁当が入ったゴミ袋を所定の場所に捨てているところだった。

ドキドキしながら横をすり抜けるモミー。モミーの部屋は1階の入り口を入ってすぐのところにあるので窓から観察する。仕事を終えたコンビニの店員が帰っていくと、モミーは行動を開始した。

すぐに靴を履き、ゴミ置き場へ戻る。蓋は閉まっているが、鍵はかかっていない。あたりを見回し蓋を開けると、そこには廃棄処分になったばかりの弁当がたくさん入ったゴミ袋があった。この時、モミーの顔は宝の箱を開けた時みたいに黄金色に輝いていたという。

お宝の入った袋を取り出し、そのまま担いで部屋に戻るモミー。その中から比較的新しい弁当を選び食べてみた。美味い!! 遜色なく美味い!!! でもこんなにどうしよう? 1人ではとても食べきれない。賞味期限はそもそも切れているから保存も難しい。……ということで、季節外れのサンタクロースが我が家に廃棄弁当を担いでやってきた。

この日から僕たちの食料事情は飛躍的に改善されたのだった。ただ、新しいとはいえ廃棄されたものだ。暖かくなってきた時期にはあたることもあった。しかし、そんなことで諦める僕たちではなかった。貧乏力をなめてもらっては困る。僕たちは、食べられるキノコを発見した先人たちのように自分たちの体を使い、食べられるものと食べられないものを仕分けしていった。

「すき焼き弁当の肉は、この時期食べるとあたるぞ!」

「幕内弁当は基本的に食べられるが、梅雨入りしてからは気をつけろ!」

「安心していいものはない! まずは嗅げ! 美味そうでも嗅ぐのが鉄則だぞ!」などなど、有益な情報を集め「月別食べられる表ノート」を作りあげたのだった。

このノートにより、あたる者は激減した。

しかしそんなある日、大事件が起きる。

あの宝の袋が何者かによって掠め取られるようになったのだ。

そもそもの話はここでする気はない。モミーの監視によってすぐ犯人はわかった。同じスサキ荘に住む、別勢力のロック研究会の者たちによる犯行だった。

我々、スサキ荘落研グループは至急ミーティングを開き、ロック研究会との話し合いにのぞんだ。「スサキ荘に住んでいる落研部員のほうが、ロッ研部員よりも多いんだぞ！」だの、何だの言い合う。

すったもんだのあげく、結果弁当を半分ずつにするという「落研ロッ研協定」を結ぶことになった。これは我々にとっては、落研独占禁止法を飲まされたとも取れたが、しょうがない。この時こまっちゃんが吐いた、「そもそも俺たちが見つけたゴミなのに!!」は、今なお色褪せない名言だ。

そんなこんなあったが、この後すぐにゴミ置き場に鍵がかけられて事は終結した。

この時にこまっちゃんが吐いた言葉も味わい深いので、それで締めさせていただきます。

「サンタクロースはもう来ない……か…」

「僕は自分が創り出したものに感動したい」

僕とこまっちゃんは同じスサキ荘に住んでいたこともあり、いつも一緒にいた。

僕の家にあったKENWOODのウッドストックって名前のミニコンポで、サニーデイ・サービスやエレファントカシマシなんかを大音量で聴いたりしていた。KENWOODのウッドストックは僕のお気に入りで、小さい割にパワーがあったし、何よりデザインが好きだった。

今思い出したけど、このKENWOODのウッドストックがどうしても欲しくて、上京する前に名古屋まで行って、大須の電気街で初めて値切って買ったのだ。〝値切り童貞〟を捨てたのは、あの電気街ってわけだ。

この頃は本当に起きている間ずっと音楽を聴いていた。しかも、じゃんじゃんＣＤを入れ替える。多分その回数が多過ぎたのか、４年生の頃には蓋が開きっぱなしで閉まらなくなり、上に重石代わりにケースを置いて閉めていた。

こまっちゃんは、よく僕の部屋に音楽を聴きに来た。僕はコーヒーを淹《い》れてあげて、気に入ったのがあったら貸してあげた。あの時貸したＣＤ、だいぶ返ってきてないなー、そういえば。

ある夏の日、こまっちゃんがギターを友達から借りてきて練習しだした時があった。僕も勧められたものの、音楽を聴くのは好きだけれど、まったくやりたいとは思っていなかったので何もしなかった。大学にも行かず、ダビスタばかりしていたこまっちゃんが、兎にも角にも生産的なことを始めて良かったなと思っていると、メキメキ上達していき、ある日、曲を作ろうと言い出した。

自分は曲を作るから、歌詞を書いてくれと言う。メロディーはまだいいけど、歌詞はちょっと恥ずかしい。でも、「いいよ」と言うと、サッと書いて渡した。

その曲のタイトルは、たしか「アイスクリーム」だったと思う。その日がめちゃくちゃ暑かったから、アイスクリームを食べたいなーとかいう歌詞だった。何も考えてない感じで照れを隠す。こまっちゃんが僕の書いた歌詞にメロディーをつけていく。アッという間に一曲できてしまった。

2人で歌ってみる。

なかなかいい感じだ。僕たちはなんだか興奮していた。そして落研ライブのオープニングでその曲を披露したりした。お客さんはキョトンとしていた。そりゃそうだ。別に面白い歌でもないんだから。

曲を作った時のことを、落研の部室に置いてある「心のノート」に書いた。

「心のノート」は何を書いてもいいノートで、よく民宿とかに行くと置いてある、泊まった人がなんでも好きなことを書いていいみたいなノートの落研版である。これで部員同士が交流を深めたりしていた。

その時に「心のノート」に書いた文章が出てきたので、記録としてここに記しておく。

7月18日　木曜日　PM4：55　晴れ　気温36℃

今日はこまっちゃんと2人で曲を作った。生まれて初めて作った曲だった。なんか、感動した。なんか、うれしかった。そして、それをテープに録音した。聞いてみた。

> よかった。僕らは大きな声で笑い合った。なんか、感動した。他のみんなはどう思うか知らないけど、僕たちは〝よい〟と思った。笑いにしろ音楽にしろ自分たちで創り出すということは、すごく価値のあることだと思う。僕は自分が大学に入って、そして落研に入って、勢いで書いた初めてのネタを作った時の気持ちを思い出した。すごく下手だったし、今見るとちょっとどうかと思うようなことも言っていたが、僕にとっては思い出のネタなのだ。
>
> 4年生になってネタを作ることに感動みたいなものが、薄くなったんじゃないかと思っていた。その感動みたいなものを思い出した。うれしい。1年生はそういうのがすごくあるのでいいと思う。ウケない時もあるかもしれないけど、それが何だ。どうだってんだ。いいんだよ、そんなの。僕は自分が創り出したものに感動したいのだなということが、よくわかった。1年生、2年生、3年生の皆様、これからも自分が創り出したもので、お客さんを楽しい気分にさせていきましょう。自分が楽しいと思うことをこれからもガンガンやっていこうな。じゃあ、そういうことで。谷《やつ》井《い》一郎《いちろう》

なかなか熱い男である。部員を引っ張っていくぞという気概に溢れているが、少々こそ

ばゆい。そこがまあ良いけどね。

そして根本的なところが今もまったく変わっていないことが、この資料を読んでわかった。18歳の時からやっていることが変わっていないとずっと思っていたし、他人にも言っていたが、「こんなに変わってないのか！」と改めて感心した次第だ。

確かにこの時期、ネタ作りに飽きてきていた。

他人のネタは簡単に作れるんだけど、自分のほうができない。それは、鈴木くんとやってきたコロコロコミックスがいずれ終わると決まっているのも理由の一つだった。

卒業してからのことを考えないといけない。1人でやるのか？　誰かと組むのか？　この時点ではまだ結論は出ていなかった。そんな中、「第3回全国大学対抗お笑い選手権大会」が、正式に開かれることが決まったという報告がきた。

戦力がほぼ変わっていない我々落研は、「今年も絶対優勝するぞ！」と、主催している芸能事務所に向かった。そこで説明されたルールに僕たちは度肝を抜かれる。

なんと、その年から「コンビごとの個人戦にする」との発表が事務所の人から告げられたのだ。しかも、トーナメントで負けたら終わりのサドンデス。

それは、仲間だった我が落研のコンビたちが全員ライバルになることを意味していた。

「同じ大学生なのに、こんなに面白いなんて！」

「第3回全国大学対抗お笑い選手権大会」はトーナメント戦での開催になった。10月〜11月に予選が予定されていた。トーナメントは6つのグループに分かれていて、そこで優勝しなければ決勝に残ることはできない。そのうち4つのブロックが関東予選。残り2つが関西予選である。コンビ数だと関西の倍以上がエントリーしている関東の予選は、当然熾《し》烈《れつ》を極めることが予想された。

個人戦になったお陰で、それまで同じ大学からは4組しか出られなかったが、望む者はすべて出ることができるようになったのは良かった。我々の大学もコンビが増えてきていたので、みんなのモチベーションを上げるためにはとても良い。

しかし、そのトーナメントだが、なんと5回も勝ち抜かないと決勝に進めないという厳しさだった。決勝に出るまでに5本もネタをやらないといけないなんて、1年生でネタを作り始めたばっかりのコンビはそれだけでキツい。あっと言う間に良いネタを消費してしまうだろう。勝ち上がるのは至難の業だ。とにかくネタの量と質が勝負を分ける。去年よりも相当厳しい戦いが予想された。

我々落研の前年度優勝メンバーは、すべてのコンビが優勝候補ということもあり、予選のリーグはバラバラに分けられるかと思ったが、違った。

ホネっち先輩とのコンビ「ミサイルマン」で前年度最優秀賞を取ったこまっちゃんのニューコンビ「ネガチョフ」と、高校生にしてラ・ママ新人コント大会に出ていた、小川くんと川島くんの天才コンビ「耳なり」が同じブロックになっていた。両者とも勝ち進んでいけば、決勝トーナメント進出をかけた最後の戦いで当たることになる。

個人戦になったこともあり、我々の大学の1年生コンビも多数エントリーしているので、勝ち進めば同じ落研同士で戦うことになるのはしょうがなかったが、実力的にいって確実にこの2組の戦いになるのは目に見えていた。

少し複雑な気持ちになった。こまっちゃんも「一番同じブロックになりたくなかったのが耳なりだった」と漏らしていた。かくいう僕のブロックにも、前年度のメンバーには入っていなかった後輩のコンビが2組入っていた。もし、予選の決勝までいけば当たることになるが、実力的に厳しいだろう。その点では少し気が楽だ。

ただ、他の大学のコンビにどんな面白いやつらがいるやもしれない。心してかかろうと気を引き締める。しかしこのルール、もう大学対抗戦でも何でもない。それはいかがなものか？　とも思ったが、やがてプロになればすべて個人戦だ。文句は言うまいと自分に言い聞かせた。

そもそも団体戦で我が落研に勝てる大学はなかった。その年のトーナメントで、前年度優勝メンバーのすべてのコンビがシードになっていることでもそれはうかがえる。

当時のこんな話がある。

今や占い師として超売れっ子のゲッターズ飯田《いいだ》くんが大学時代、我々の大学の落研のネタを見て「同じ大学生なのに、こんなに面白いなんて！」と衝撃を受けたらしい。

学生時代は打倒落研で必死に頑張ったが、決勝までは行けなかった。しかし、笑いの面白さに気付き、お笑い芸人になったという。そうこうしているうちに占いをやり始め、今や売れっ子の占い師である。

あの時、僕らのネタを見てなかったら、今は占い師になってない。
「僕が今占い師なのは、やついさんのお陰なんですよ」という話を、仲良くなってから聞いてビックリしたことがあった。

話を元に戻そう。とにかく、それくらい他大学との差は圧倒的だった。普通にやれば優勝は間違いなかっただろう。そうなると、事務所としては都合が悪かった。事務所は大学を卒業したばかりの「ラーメンズ」を売り出したかった。まだ無名のラーメンズに、「大学日本一のコンビ」という売りを作り、華々しくデビューさせたかったのだろう。それだけの実力がラーメンズにはあった。

ところが、ラーメンズの母校、多摩美大にはラーメンズ以外面白いコンビがいなかったので、それまでのルールだと予選落ちだ。そもそも大学生じゃない。

そこで個人戦プラス卒業生も可という特別ルールが作られ、その年の大会になったというのが真相だった。もしこの時知っていれば、到底納得できなかっただろうが、知らないから関係ない。そして振り返って思うのは、そんなこと、これからも日常茶飯事に起こるってことだ。思惑があり開かれるのが芸能の大会なのだ。スポーツではないのだ。いや、オリンピックのルールだってコロコロ変わる。そういうものだ。

しかし、勝負の世界は厳しい。圧倒的にウケれば思惑も吹き飛ばす結果になるだろう。順当に行けば関東予選は「ラーメンズ」、僕と鈴木くんの「コロコロコミックス」、今立と澤田の「ポゲムタ」、あとは「ネガチョフ」と「耳なり」のどちらかの4組だろう。この戦いが学生時代の最後の戦いになる僕らは、絶対負けるわけにはいかない。

この日から、みんながライバルになった。

4年の僕らは持ちネタこそ多かったが、確実にウケるネタは去年の大会でやってしまったこともあり、そんなになかった。僕らもネタを作らないといけない。下手すると予選でつまずくことも考えられる。しかし、コンビの鈴木くんは就職活動中でなかなか会うことができない。悶々《もんもん》としながらも、予選は目の前まで近づいてきていた。

振り返れば
ずっと
そうだった

4年生になると、大学の授業もほぼなくなる。僕は勉強はそんなにしなかったけど、授業にはちゃんと行っていたので、卒業に必要な単位はほとんど取れていた。あとはゼミで卒論を書くのと、必修の体育だけだったので、週1くらいしか出なければいけない授業はなかった。体育は必修なので絶対取らないといけないが、だいたい朝一とかで寝坊ばかりして4年生まで残ってしまったのだった。

今考えれば学生時代、なんであんなに朝起きられなかったのかが、まったくわからない。毎日眠かったあの日々はいったい何だったのだろう。

家から大学までは5分ほどしかない距離だが、長い登り坂が2つあって、それも朝行くのが面倒くさくなる大きな理由の一つであった。その坂をチャリで登って行く。毎日毎日チャリで登っていたので脚力が物凄くついた。


学祭にラーメンズを呼んだ時に、2人と八王子駅で待ち合わせをした。

3人でチャリに乗り、我が大学に向かう。僕がいつものようにチャリを立ち漕ぎしてグングン坂を登っていく。ちょっとたって振り向くと、誰もいなかった。僕のチャリスピードにラーメンズは2人ともついて来られなかったのだった。案内するはずのお客さんを、ぶっちぎって置いてけぼりにしてしまうほどの脚力だったのだ。


我が大学は山の上に作られていたので、どこへ行くのも坂が多かった。

ある雨の日に、いつものように傘を持ちながらチャリで大学までの坂を登っていた。頂上まで登り切り、ここからは長い長い下り坂。ノーブレーキで下っていくとかなりのスピードになるほど急な坂だ。僕は登り坂で上がった息を整え、傘を前向きにして一気に下っていった。その時ふと頭にある考えが浮かんできた。

「これ、傘を後ろに向けてハンドルから両手を放したらメリーポピンズみたいに飛ぶんじゃないか?」

そう思った瞬間、僕は手を離していた。

傘に包まれる風の力で体が後ろに持っていかれる。

そのままったく浮くことなく地面に叩きつけられた。

チャリは倒れた状態で坂を滑り落ちていく。

「なんでこんなことをしたんだろう？」

メリーポピンズみたいになるわけがないのだ。わかっていたのにやってしまう。後悔しかないある雨の日の事件であった。

これをきっかけに高い所も、ちょっと怖くなった。

そもそも「メリーポピンズみたいになるんじゃないかな？」と思っただけで、やろうとはしてなかったのに、気付いたら手を放していたのだ。

高い所にいるとよく考えてしまう。

「ここで飛び降りたら、どんなだろう？」

その考えが浮かんだ時が怖い。

もしかしたら、もう飛び降りてるかもしれないから。高い所が怖いというよりは、気付いた時にはもうしてた、という自分の意思をも超える行動力が怖いのだ。

僕は経済学部で、日本経済史のゼミに入っていた。経済学部生は全員何かのゼミに属さないといけない。経済学にまったく興味がなかった僕は、とにかく将来一番役に立たなそうなゼミを選んだ。振り返ればずっとそうだった。経済学部と経営学部に受かってどちらに行くか悩んだ時も、より実践的じゃないほうという理由で経済学部を選んだ。

みんなは役に立つことをしたがるけど、その時の僕は役に立たないことをやるのが大学だと考えていて経済学部にしたのだった。ゼミで江戸時代の経済なんかを勉強したって社会に出て何にも使えない。そんなことより、パソコンとかで経理とかの勉強をしたほうが役に立つだろう。そんなことはわかっていたが、せっかく大学に入ったんだから無駄なことをしたかったのだ。そんな考えで4年間を過ごした。

そんなわけで、暇な4年生の1年間はそれまで以上に落研の活動をしていた。個人というよりも団体をどうするか、という方向に気持ちがいくようになっていた。

ある日、事務所からあるオーディションの話をもらった。何かのＣＭらしい。ラーメンズのコバケンこと小《こ》林《ばやし》賢《けん》太《た》郎《ろう》も一緒だった。他にも、うちの学生芸人が受けに来ていた。オーディションではコバケンが誰よりもアピールが上手かった。マイケルジャクソンのダンスや岡《おか》村《むら》靖《やす》幸《ゆき》さんのモノマネとかをしていて、他を圧倒していた。

こりゃ僕はダメだなと思っていたけど、何故か受かってしまった。

ある遊園地のCMで、3人の赤青黄の服を着たどうしようもないアイドルが踊っているテレビをSMAPの草彅《くさなぎ》くんが見ているというCMだった。

そんな内容だから、見た目で受かったのだろう。髪を染めたり、歌を覚えたり、ダンスを練習したりと、本当のアイドルのような訓練を重ねてCMに臨む。緊張感ある現場かと思っていたが、凄くフレンドリーな空気でとてもやりやすかったのを覚えている。

というわけで、人生初のCM撮影は滞りなく終わり、テレビで流れ出したのだった。これでまた周りの見る目は変わっていった。

しかし、僕はネタを考えることに飽きてきていて、全然作ることができなかった。予選では5本もネタをやらないといけないというのに、まったく進まないまま予選当日を迎えてしまったのだった。

ちなみにこの時のCMの監督は「風とロック」の箭内道彦《やないみちひこ》さんで、何年かしてまたCMに出してもらった時もやっぱり箭内さんでビックリした。

今のところ、CMはこの2本しかやっていない。

「お前が慰めてんじゃねえよ！」

1996年10月26日。東京予選が始まった。中野区の「野方区民ホール」に、出場する全グループが集まった。出場制限がなくなったので凄い人数だった。

この日でベスト16まで出揃う。うちの大学からは「コロコロコミックス」「ポゲムタ」「ネガチョフ」「耳なり」という昨年の優勝メンバーの他にも、ピン芸人3年生の「高拳法太郎」、現在「ナイツ」として大活躍中の塙くんのコンビ「ハブ・ア・ナイツデー」、1年生女子3人組の「きょせん」、1年生男子2人組の「がぶりよつ」、これまた1年生でもみあげの長いモミーとスケベなKくんのコンビ「ちょっとマチ子」、3年生女子2人組の「そらうみ」と、10組もエントリーしていた。

もしみんなが勝ったとしても、同じ大学のコンビ同士は当たらない。何も考えずに自分の大学を応援できる。いずれ当たるにせよ、全組が勝てるように願う。

昨年の優勝メンバー4組は全組シードなので、1回戦はない。他の大学のグループがどれくらい面白いのか。出番はまだまだだが、偵察がてら最初から観に行く。

ラーメンズとコロコロコミックスは、決勝に行かないと当たらないようにトーナメント表の端と端に分けられていた。事務所の期待がうかがえる。


予選が始まった。楽屋はとんでもない人数だった。

トーナメントだから、その場で結果が出るのでサクサク進んでいく。

まず、うちの大学からは「高拳法太郎」の出番だ。相手は「自《じ》転《てん》車《しゃ》泥《どろ》棒《ぼう》」というコンビ。高拳法太郎はとにかく大学でもすべりまくってきた男だったので、あえなく1回戦敗退となった。予想通りの結果に部員はみんな笑っていたが、高拳法太郎だけはめちゃくちゃ悔しそうだった。誰だってスベるのは嫌だ。しかし、スベることができるのは勇気を持って舞台に立った者だけだ。高拳法太郎を慰める。

続いて、スーパー1年生、塙くんの「ハブ・ア・ナイツデー」の出番だ。相手は慶應大学の「豪《ごう》GOーズ」。こちらは見事に1回戦を突破した。まだまだコンビを組んで間もないので硬いところはあるが、ネタの良さで見事に笑いを取っていた。さすが福岡漫才チャンピオンである。その結果を見て、ますます落ち込む高拳法太郎。

「俺は3年生なのに……」

1年生が勝ち、自分が負けたのが悔しかったのだろう。

僕はウダウダ言っている高拳法太郎に言った。

「悔しがるほどウケてなかったし、大学でもウケてないんだから当然の結果だろ。ウダウダ言っていいとこまで来てないから」

落研部員が笑う。高拳法太郎の良いところは、何しろへこたれないところだ。そういう人は最終的に面白い人になる。高拳法太郎もこの1年後に大活躍することになる。

続いて、1年生女子3人組「きょせん」の出番になった。

きょせんは小さい女の子2人と大きく丸い女の子1人のグループで、作るネタにセンスが光っていた。そして、大きく丸いしょうちゃんの類い稀な身体の面白さで爆笑をかっさらい、1回戦を見事に突破したのだった。

「また高拳法太郎が落ち込むぞ」と高拳法太郎を見るとあろうことか、勝ったきょせんのネタに対してアドバイスをしていた。

「お前が言ってんじゃねえよ！」

みんなにつっこまれる高拳法太郎。さっきまでヘコんでいたのに、めげない男である。

続いて、1年生コンビ「がぶりよつ」は、早稲田大学の「I-10（テンアンダー）」に惜しくも負けてしまった。高拳法太郎がすかさず慰めにいく。

「お前が慰めてんじゃねえよ！」

みんなにつっこまれる高拳法太郎。いつ間にやら高拳法太郎が主役である。

お笑いは、こういうところが面白い。ネタがウケるウケないは確かに大事なことだけど、トータルでウケるか、のほうが実は100倍大事だったりする。学生時代はネタが面白くないといけない、とばかり考えて面白い人になる努力を怠りがちだ。面白いネタをやる人と面白い人はちょっと違う。面白いネタをやろうと一生懸命になるあまり、面白くない人になってしまう。

高拳法太郎はネタはダメだったけど、そのあとの振る舞いで面白い人としては100点を出している。こういうところがプロになると実は大事だったりするのだ。

続いて、モミーとスケベなKくんのコンビ「ちょっとマチ子」の出番だった。相手は明治大学の「志《し》らく家《や》J狐《こ》」。ちょっとマチ子も独特の風貌と訛りがあるモミーにKくんが上手くツッコんでいて、笑いを取り見事1回戦を突破した。

1回戦の最終は3年生女子コンビ「そらうみ」。相手は東大の「レッツゴー三千匹《さんぜんびき》」。そらうみを率いるワカナは、酔うと天才的な面白さで飲み会を盛り上げてくれたりしていた。こちらも見事に1回戦を突破。これで、シードの4組を除いた6組中なんと4組が堂々2回戦に進出したのだった。惜しいところなく負けたのは高拳法太郎だけで、敗退して静かな空気になってしまうグループも多い中、笑いを取っていて逞しく感じた。

そして、いよいよ我々も出場する2回戦が始まった。

トップで出てきたのはトーナメント表の左端のグループ「ラーメンズ」であった。ラーメンズは、この時まだ漫才からコントへの過渡期だった。毒舌漫才がウリのコンビから知的な雰囲気のコントへと試行錯誤をしながら、徐々に形ができつつあった。彼らは2回戦を問題なく勝利し、3回戦に進出した。

この時はまだ、波乱の大会になるとは誰も想像していなかった。

我々の大学の優勝メンバーも問題なく2回戦を突破。我々「コロコロコミックス」も「サルさるピストンズ」に昔のネタで勝ち、3回戦に駒を進めた。

1回戦を勝ち抜いた我が大学のその他のグループは、福岡漫才チャンピオンの塙くん率いる「ハブ・ア・ナイツデー」がこの段階で「フランダース」に負けてしまった。「ちょっとマチ子」も「サテンドールズ」に負け、「そらうみ」も「パイプカッツ」に負けてしまったが、女子3人組の「きょせん」は見事「米びつFUCK!!」に勝利したのだ。これは快挙であった。その後の戦いで負けてしまったが、1年生の女子としてはかなりの善戦で、将来が楽しみなグループの出現に頼もしさを感じた。

その後の戦いは順当だった。「ラーメンズ」「ネガチョフ」「耳なり」「ポゲムタ」「コロコロコミックス」は当初の予想通り勝ち抜いていき、いよいよ予選決勝の8組まで残ったのだ。泣いても笑っても、全国大会決勝に行けるのは4組だけだ。半分は落ちる。ほかの3組は「なにわかめ」「サルタン」「パイプカッツ」という面々であった。なんと半分がうちの大学だ。そりゃ、大学対抗なら優勝するわけである。

まず、決勝進出をかけた最初の戦いは、「ラーメンズ」対「なにわかめ」だった。なにわかめは第1回大会の優勝校チームだった。実力的にはラーメンズが楽勝だとみられていた。戦いが始まった。先攻はラーメンズである。ラーメンズはここで、月1の事務所ライブでも評判のよかった楳図《うめず》かずおのコスプレの格好をした2人のネタを披露した。これが全然ウケなかった。最初こそビジュアル的に笑いがきたが、その後どんどんウケなくなっていき、笑いが失速した感じでオチを迎えてしまった。

「これはマズいんじゃないか？」とみんな思った。

後攻の「なにわかめ」は手堅くわかりやすいネタを披露し爆笑を取った。ウケの量ではラーメンズ不利である。ただ、ネタの切り口などにはラーメンズらしさが光っていた。

ジャッジが出た。なにわかめの勝利だった。

ラーメンズはまさかのベスト8で敗退となり、決勝進出を逃したのだった。

なにわかめは物凄い喜びようだった。ラーメンズは楳図かずおさんのコスプレのせいか、より悲しそうに見えた。こうして、事務所の目論見は早い段階で崩れたのだった。

優勝候補の一角が消えた。何が起こるかわからないものである。ネタというのは不思議なもので、状況によってウケたりウケなかったりする。このラーメンズのネタも楳図かずおさんのことをみんなが知っていれば絶対ウケるネタだ。しかし、人によってはそこまで楳図かずおさんを知らない。会場が暑かったり寒かったりでも違うし、笑いはいろんな状況に左右されるものなのだ。

続いての戦いは、熾烈を極める同門対決。

うちの大学の「ネガチョフ」と「耳なり」が決勝進出をかけてぶつかることになった。

誰よりも練習するこまっちゃんのコンビ、ネガチョフは絶対にすべらないほどの表現力を持っている。滑舌が良く声も通る。かたや耳なりはセンスが抜群に良く、切り口やキャラも独特で玄人ウケする感じだった。耳なりに弱点があるとすれば滑舌の悪さだけだった。

ある日、耳なりの小川くんとライブの帰り道の渋谷を歩いていると、小川くんが僕に突然「ばばばばばば」と喋りかけてきたことがあった。

まったく何を言っているのかわからなかった僕は、小川くんに聞いた。

「なに？」

すると小川くんは僕に言うのだ。

「ばばばばば！」

二度聞いているのに、何を言っているのかまったくわからなかった。

仕方ないので僕はもう一度聞く。

「何言ってるの？」

すると小川くんは、ゆっくり、はっきり、こう言ったのだった。

「ば・ば・ば・ば・ば・ば！」

まったく理解できなかった。

その後落ち着いて聞いたら、「赤信号に変わりそうですよ！」と言っていたらしかった。

それほどの滑舌の悪さだ。勝負はわからない。


いよいよ戦いが始まる。先行のネガチョフは得意のコントで爆笑を取った。これはネガチョフが勝つかもしれない。そう思いながら、後攻の耳なりのネタを見た。最初、物語をゆっくり始めていくのが耳なりのスタイルだ。徐々に引き込まれ、最終的には爆笑の渦を作り出してネタが終わった。

審査の札が一斉に上がる。上げられた札は耳なりの勝利を告げていた。

コンビは変わったとはいえ、前の相方はホネっち先輩だったので、実力的にはまったく下がってないはずの前回の最優秀コンビが予選で敗退。大会に激震が走る。

いつの間にか、耳なりは1年で最優秀コンビをも凌ぐ実力をつけていたのだった。

残るはあと2戦。今立と澤田のポゲムタとコロコロコミックス。

それぞれに、決勝行きをかけた最後の戦いが始まった。

できれば決勝まで残しておきたかったが、そうも言ってられない

今立と澤田の漫才コンビ「ポゲムタ」はベスト8をかけた戦いで、1回戦、2回戦とすべて決勝に残っている東大の「マクドナルド」とぶつかったが、完勝。危なげなく、ここまで勝ち進んできていた。澤田の真似できない面白さに、今立のツッコミがさらなる面白さをプラスさせていて、すべてが充実している。このまま決勝大会まで問題なく行くだろう。

決勝大会進出をかけた最後の戦いは、早稲田大学の「サルタン」が相手だ。サルタンの2人は僕と同じ学年。事務所の月1ライブにも出ていてよく知った仲だった。面白い2人でたまに飲みに行ったり、一緒にライブをやったりしていた。

サルタンも僕と同じで最後の大会になるため、気合いが入っていた。4年生で就職しないで芸人になるというのは選択をしたとなると、どうにか証が欲しくなる。これをやっていていいんだという証。大会で勝つのはその何よりの証だ。どうしたってまだ大学生でいられる後輩より力が入るのは当然のこと。しかし、それが原因でうまくいかないことにもなる。サルタンは気合いでネタが空回りしていた。いつもはもっと軽く言うところで、力が入ってしまっている。ゆっくりしたテンポでいく漫才なのにテンポが早い。そのせいでうまくのっていかない。爆笑がないまま、最後までいってしまった。ちょっとした空気でネタのウケは変わってしまうものだ。失意の中舞台を降りてくる2人に声をかけることができない。

ポゲムタは落ち着いていた。いつものように時事ネタを交えたスタイルで爆笑をさらい、見事に決勝進出を果たした。ポゲムタが勝ったのは嬉しいものの、サルタンの敗退は悲しい気持ちにもさせた。

僕たち「コロコロコロコミックス」もベスト8に残ったわけだが、それまでも厳しい戦いが続いていた。特にベスト8をかけた戦いは危なかった。

相手は「エビなげハイジャンプ」。初めて見るグループだった。名前からしてセンスも良さそうだ。それまでの戦いでもかなりウケを取っていた。僕らも良いネタをぶつけないとやられる。先攻はエビなげハイジャンプだった。野球部のネタだ。外野のまた外野に飛んでくるボールを処理する1年生補欠部員2人のコント。

淡々としていながらも、時折動きと声を合わせて爆笑を取っていた。面白かった。他のグループとはまったく違う。自分のキャラクターを理解し、台本に背伸びがない。こういう勘どころがわかっている相手はやりにくい。

たいてい、僕らの大学以外のグループは、憧れている芸人さんのパロディーが多かった。ことさらセンスがあるように振る舞ってみたり、見えもしないのにスーツを着ておじさん的なことをやってみたり。そういう相手は根本を理解していないので、簡単に倒すことができたが、エビなげハイジャンプは違う。久しぶりの強敵だった。下手すると負けるかもしれないという空気が漂っていた。

しかし、4年で最後の戦いとなる僕らも負けるわけにはいかない。「この戦いが事実上の決勝だ」という思いで、予選用に作った中でも良いネタを選んで戦う。

この時やったのが、エレキコミックになった後でもやっていた銭湯のネタだった。ボケの数と動きの笑いをこれでもかと詰め込んだネタだ。当時は相方の鈴木くんとよく銭湯に行っていて、そこで作ったネタだった。

銭湯に入ってから出るまでをボケてボケてボケ倒していく。そこで鈴木くんが笑ったものだけをノートに書き残す。そうしてできたのが銭湯のネタだ。できれば決勝まで残しておきたかったが、そうも言ってられない。トーナメントは負けてしまったら終わりだ。

銭湯のネタはウケにウケた。

こうしてなんとか強敵を打ち破り、我々はベスト8に残ったのだった。

決勝進出をかけた戦いの相手は「パイプカッツ」という3人組だった。前回の大会で結果を出し、月1の事務所ライブでも一緒にやっていた他大学の後輩グループだった。

1年間一緒にやってきた後輩たちだけに、絶対に負けるわけにはいかない。パイプカッツは名前から漂うアングラ感とは違い、とてもポップなネタをやる性格の良い子たちだった。スティーヴ・ブシェミみたいな顔をしたツッコミの子の声が良かった。ネタ的には2人ボケ1人ツッコミの、ストーリーなどがほぼないオーソドックスなスタイルなので、怖さはない。例えるなら、どちらも接近戦の殴り合いスタイルの戦いだ。手数とウケだけで勝負が決まる。

先攻はパイプカッツ。名前で損をしたのか、最初からウケが悪く、少しの下ネタでもお客さんに引かれてしまっていた。若いグループだけに、勝ち上がってくるまでに良いネタを使い切ってしまったのかもしれない。5回もネタをやるってのは、本当に難しいことなのだ。しかし、逆にプラスに働く場合もある。それは観ているうちにお客さんの中で、この人たちは面白い人たちだという意識が作られていくところだった。

最初はまったく知らないので興味がないが、ウケていくと徐々に「この人たちは面白い」という認識が生まれてくる。こうなるとしめたものだ。ちょっとしたことでもウケてくれるようになる。

僕らは銭湯のネタがハマったことで、動きを大きくするだけでウケる状態になっていた。こうしてパイプカッツを、5対0のストレートで倒した僕らコロコロコミックスも、決勝に駒を進めたのだった。

東京代表4組が出揃った。「コロコロコミックス」「ポゲムタ」「耳なり」「なにわかめ」。決勝進出4組中3組が、我が落研であった。

ちょっと冷たいくらい未来のことを考えていた

決勝大会は、2カ月半後の1997年1月18日。すべてがここで決まる。

とにかく決勝までは残った。大阪からの2組を入れた6組で日本一を競う。半分は同じ大学だ。後輩しかいない。負けるわけにはいかない。優勝して気持ち良く卒業したい。そんな気持ちとは裏腹にネタがまったくできない。1年生の頃は、授業中もネタを書いていた。毎日1本は書いて相方の鈴木くんに見せていたのだが、すっかり作れなくなった。

6組のトーナメントということは、最高のネタが3本は必要だ。予選で5本やり、決勝で3本。かなり厳しいが、条件はみんな一緒だ。それなのに、やる気がまったく湧かない。このままでは負けるというのは頭ではわかっているのに。それでも必死に考える日々が続いた。一方、ポゲムタ、耳なりの2組は、しっかりと新ネタを作ってきている。

そんなある日、相方の鈴木くんから呼び出された。話があるという。なんだろうと思いながら大学内にある池に行く。鈴木くんは神妙な顔をしていた。黙って言葉を待つ。

「やついくん！　コロコロコミックスでプロにならないか！　僕も一緒に芸人になるのもいいかなと思ってるんだ」

僕は即答した。

「ダメだよ。鈴木くんは向いてない」

劇的な展開にならな過ぎて、劇的ともいえる。二言で話は終わった。

鈴木くんの中でもいろいろ考えて言ってくれたのだと思うが、鈴木くんとのコンビではプロは無理だと最初からわかっていた。鈴木くんも薄々感じていたのだろうが、就職活動の辛さから、そんなことを言い出したに違いないと思った。

「鈴木くんは就職したほうが絶対いいよ」

僕は言った。もちろん、未来のことはわからない。でもわかる。鈴木くんとコンビを組んで4年、鈴木くんは僕の書いた通りのツッコミをしてくれた。いつも端的で適切な言葉を書いていたので、ツッコミは常に端的で適切だった。しかし、それでしかない。

それでは、ピン芸人だ。コンビを組むというのは、どこか自分が想像していなかったプラスアルファがなければ意味がないと思っている。

バンドもそうだ。バンドにはマジックがある。それは技術とはまた違う何かだ。それはアイデアの掛け合わせだと思う。誰かの言う通りにやるコンビは、必ず行き詰まる。何故なら、そもそものコンビは、たまたま近くにいたから組んだだけだからだ。うまくいき出して、上手い人間とコントができる環境になれば、下手な人とやっている意味がなくなるのだ。

そうすれば、待っているのは解散しかない。偉そうな言い方にはなってしまうが、鈴木くんは僕にはついてこられないと思った。1年生の時からそれはわかっていたから、最初から学生時代だけのコンビだと言っていた。鈴木くんも忘れてはいないはずだ。鈴木くんは少し考えたような顔をしてから言った。

「だよねー」

それから僕たちは池を見ながら、決勝でやるネタを考えたりした。僕はその頃からちょっと冷たいくらい未来のことを考えていた。自分の想像しているネタの面白さを超えていくような科学反応が起きる相手じゃなければ、ピンでやったほうがマシだ。もしコンビを組むなら、そういう人間と組もう、と固く誓った。

そんな中、予選を終えて落ち込んでいる人間がいた。前回最優秀賞に輝いたこまっちゃんだ。後輩の耳なりに予選で負けて、決勝大会進出を逃していた。

僕とこまっちゃんは同じスサキ荘に住んでいた。落ち込んでいるこまっちゃんを誘い、近くの喫茶店に行った。その喫茶店は自家焙煎《ばいせん》の美味しいコーヒーを飲ませてくれる店で、お金がある時にはよく行っていた。

スタバもない時代だから、濃い目のコーヒーを飲ませてくれる店は貴重だった。コーヒーだけにはお金を使っていた僕は、いつもここでコーヒー豆を買い、自分で挽《ひ》いて飲んでいた。ここのメニューはブレンド1、2、3しかない。数字が大きいほど飲みやすい。僕は濃いのが好きなので、いつもブレンド1だった。こまっちゃんもブレンド1を頼んだ。

飲みながら2人で話す。部長として勝ちたかった気持ちはよくわかる。耳なりのネタは独特で、オーソドックスなスタイルのこまっちゃんとの戦いだとより新しく映る。戦いとして相性が悪い。というか、僕らも当たっていたら負けていたかもしれない。そんなことをコーヒーを飲みながら喋る。ひとしきり喋ったあと、こまっちゃんは力強い言葉で僕に言った。

「絶対、優勝してくださいね」

僕は自信がなかったけど、このパターンで弱気なことを言うのもどうかなと思い、どうしても本音が言えなくて「当たり前じゃん。優勝するよ！」と言った。追加でチーズトーストを頼んだ。チーズトーストも、とても美味しかった。

僕らは、喫茶店にあるお客さんたちが書き込むノートに「絶対優勝」と書いて店を出た。外はとても寒い。八王子の冬は都心より3度低い。家に帰ってもスサキ荘は寒い。暖房が嫌いな僕は冬でも暖房はつけない。もっぱら布団だ。だから、すぐ眠くなって寝てしまう。この日も、僕は体を温めるために布団に入った。すぐ眠気がやってきた。未来への漠然とした不安からか、嫌な夢を見た。

まずここで勝ち上がらなくては

4年生になった頃から、学生ライブ以外のライブにもよく出るようになっていた。

そんな中、TBSラジオで1995年くらいから「赤坂お笑いDOJO」という番組が始まった。今は赤坂サカスになっているところにTBSがあり、そこにはTBSホールという立派な劇場があった。そこで月1回お笑いライブを開催し、公開収録をして流す番組だった。

TBSアナウンサーの浦口さんと向井《むかい》さんが司会。爆笑問題さんをはじめ、ネプチューンさん、キャイ〜ンさんなどなど東京の若手芸人は、ほぼみんな出ていた凄い番組だった。「爆笑オンエアバトル」も始まる前だったので、若手芸人が出られるほとんど唯一のネタ番組だったと思う。

この番組のオーディションが、月1で行われていた。95年「全国大学対抗お笑い選手権大会」で優勝して以来、プロの芸人として事務所に所属したこともあり、立ち上がったばかりのこの番組のオーディションに行かせてもらった。


物凄い数の芸人が集まっていた。

そこで一組一組、浦口さんと向井さんと作家さんにネタを見せていく。芸人になったなら当たり前の光景だが、プロの現場でネタ見せというのが初めての体験だった僕は、これが本当に苦手だった。面白いと思って作ったネタを、とやかく言われたくないという思いが強かった。今となっては「何様なんだ！　お前は！」と思うが、本当のところを言えば、少ない人数の前でやるのが恥ずかしかったんだと思う。

芸人さんが多いので、待ち時間も長く、テレビで見たことのある先輩芸人さんと同期くらいの芸人たちが仲良く喋っている控え室で、どんどんテンションが下がっていったのを覚えている。

このネタ見せには「ラーメンズ」「コロコロコミックス」「ネガチョフ」「ポゲムタ」「耳なり」など、みんな受けにいっていたが、誰も受からなかった。僕たちは優勝した時のネタを持っていったが、全然ダメだった。自信も粉々である。

その時、浦口さんに言われた言葉は今も覚えている。

「ボケのセンスはいいけど、ストーリーがないんだよなー」

まさにその通りだった。

この頃のネタの作り方は面白いボケを考え、それを羅列してなんとなく1本にするという作り方だった。だから、ストーリーなんて最初からなかった。それではダメなんだな、とこの時初めて気付かされた。

ストーリーの大切さ。

ストーリーさえあれば、流れに乗ってボケていけばいいので、ネタを量産できるが、まったく脈絡のないボケだけを羅列して1本にする作り方では、完成するまでボケを貯めるのに時間がかかってしょうがなかった。それもネタがたくさん作れない要因でもあった。

また、やり慣れない環境で力を出し切れていないのも大きな原因だった。今となっては、そこにいる人に笑ってもらうという意味では、お客さんも審査員も同じだということがわかるが、当時は本番と違うことをしないといけないのでは？　と勝手に考えて緊張し、声も動きも小さくなってしまっていた。

ラーメンズもダメだった。やはり、学生芸人は友達に見せて笑ってもらったり、甘やかされてきたので、プロの現場で最初から上手くいくコンビはいなかった。

そんな中「耳なり」だけは好感触だった。高校生にしてラ・ママの新人コント大会のネタ見せに合格するくらいだから、審査員の前でも慣れていた。結果的には「耳なり」が僕らの事務所の芸人の中で一番最初に「赤坂お笑いＤＯＪＯ」のオーディションに受かることになるのである。

「お笑いＤＯＪＯ」というライブは、道場というくらいだから格闘技の道場を模したセットで行われる。内容は1本ネタをやるコーナーと、道場破りというゴングショー形式のネタコーナーの2つだ。オーディションに受かって出られるのは、道場破りというコーナーだった。

客席の観客は、つまらなかったらあらかじめ配られていた「×」が書かれたボードをあげる。「×」ボードは、ネタ開始から1分を過ぎたところからあげていいことになっている。「×」ボードをあげる人数が、1回目の挑戦者は10人、2回目の挑戦者は5人の段階でネタが打ち切られる。最後までネタが続けられたら、見事勝ち抜いたことになる。2回勝ち抜いたコンビには段位認定。次回からは初段ということで、1本ネタをやることができる。

1本ネタをやるコーナーも1対1の対決になっていて、勝ち負けがつく。勝つと段が上がっていき、10段までいくと免許皆伝となる。受かってもかなり厳しいライブだった。これに出られるようになることが当面の目標となった。

同じ時期に「東京笑い者」というライブも始まった。これは純粋に、伸び盛りの若手芸人が出るライブだ。このオーディションにもよく行った。同期くらいと思われる芸人がたくさん集まっていて、ここでアンタッチャブルと同じ組でネタ見せをしたのをよく覚えている。僕は覚えていなかったが、このネタ見せにはマキタスポーツさんもいて、この時初めて会ったのだと後の鼎談《ていだん》で聞いてびっくりした。

このライブには同世代の面白い芸人がたくさん出ていた。

学生の中で面白くても、プロの世界ではまったく意味がない。まずはここで勝ち上がらなくては、という思いが強くなればなるほど、早く次のコンビを組まないといけないという思いも強くなっていった。

あとは「いつからやるか」だけだった

今立は高校時代からお笑いをやっていて、鳴り物入りのスターとして落研に入ってきた。1年生の時は高校の同級生の佐々木《ささき》と組んでいたが、相方の学業専念により解散。その時ちょうど、同期の澤田もヒロさん卒業による解散で1人になっていた。ということで、ヒロさんと澤田のコンビ「ポゲムタ6年生」を引き継ぐ形で、今立が澤田と組んで「ポゲムタ」は生まれたのだった。

ちなみにポゲムタとは「」マークのことだ。

人を笑顔にするという意味が込められていた。そんなポゲムタはキャイ〜ンさんの漫才を下敷きにした天然時事漫才で頭角を現し、3年生の時には澤田は副部長としても部を引っ張る存在に成長していた。

高校時代からスターだったという今立は、1年生の頃から部員に一目置かれていた。落研ライブや学祭の時は、僕は相方の鈴木くんとではなく、今立と司会をやったりしていた。当時からコンビを崩した合同コントなどもよくライブで披露していて、そこで一緒にネタをやったりもしていた。今立も僕と同じでプロになりたがっていた。

しかし、相方の澤田は「銀行に入りたい」というバリバリの就職希望。そこで3年生の秋頃から就職活動を始めていた。そんなわけで、僕も今立も状況は一緒だった。お互いプロ志望ではあるが、相方がいなくなる。となると、結論は出ている。一緒にやるのは必然だった。

ところがまだ、お互いのコンビで出場している「第3回全国大学対抗お笑い選手権大会」がある。ということで、なかなか一緒にやろうとまではいかなかった。

そんなある日、僕ら「コロコロコミックス」は、「赤坂お笑いDOJO」のネタ見せに受かった。そこでやったのは銭湯のネタだった。ウケにウケて僕らは道場破りのコーナーの初戦を突破した。

次も勝てば初段になれる。初段になれば、途中で止められることもない。その頃には「耳なり」も「ラーメンズ」も初段に上がっていたと思う。僕らは少し遅れて受かるようになったのだ。ポゲムタはなかなか受からなかった。

当時、何度目かのシュールなお笑いブームがライブシーンに到来していた。そのタイミングにぴったりと重なるように、耳なりとラーメンズはフィットしていたのだろう。

その頃、お笑いDOJOで大活躍していたのは、まだ2人組の頃の「バカリズム」や「バナナマン」「ビビる」「やるせなす」といったグループだった。「爆笑問題」や「ネプチューン」など、すでに人気があるグループが出ている中でも段を上げていった。同じ年くらいのグループの活躍は刺激になる。僕らも早く初段に上がりたかった。

当時のお笑いのライブシーンには、今をときめくグループがひしめき合っていた。そんな何か起こりそうな空気を察したのか、それまでは特番くらいしかなかったお笑いネタ番組がテレビでもチラホラと始まっていた。

そんな中『SPA!』という雑誌でTBSラジオの浦口さんが、今後期待の若手芸人として2位に挙げたのが耳なりだった。ちなみに1位はバカリズム。その頃、バカリズムは少しテレビにも出ていたのでお笑い好きなら知っていたが、耳なりはまだ大学生。無名も無名だ。そんな耳なりを、いろんなグループのネタを散々見てきた浦口さんが2位にしたのだ。大快挙だった。

それくらい耳なりは当時注目の若手芸人だった。先輩にあたるラーメンズも我々コロコロコミックスも、世間的にはまだ注目されていなかった。

実はコロコロコミックスもかつて、シュールなネタも多くやっていた。梯子《はしご》を登ろうとすると絶対に寝てしまう人のコントとか、まったく関係ないコントをやっていたのに突然「自殺はやめよう!」と言って終わるコントなど。シュールというか、めちゃくちゃなネタを披露していたものだった。

自分なりにいろいろ試行錯誤をしていたのだろう。だが、コロコロコミックスは解散が決定しているので、試行錯誤をやめてしまった状態だった。なので、新ネタもあまり作らず、持ちネタの中からウケそうなものをやっているという状態だった。

そんな中でも受かれば嬉しい。一度受かると、次のお笑いDOJOにも出ることができる。大学対抗お笑い選手権よりも、プロでやるならこちらのライブのほうが本筋だ。早く大学を卒業して100パーセント力を入れられる形にしたいと思っていた。こんなことをしている間にも、どんどん同世代のグループたちは新ネタを蓄え、力をつけている。このままではマズい。

そんな悶々とした思いで、日々を過ごしていた。事務所の人にも「鈴木くんと今後やらないなら、コロコロコミックスにきた仕事を鈴木くんとやっても仕方ないんじゃないか?」と言われていた。確かにそうだ。解散決定しているグループに仕事を振る事務所はない。

1996年当時、テレビでは「ボキャブラ天国」という番組が大流行中だった。タモリさんが司会のゴールデンタイムのバラエティーで、ショートコントにボキャブラ(ダジャレ)を交えたものを披露して、その面白さで順位がつくランキング番組だった。メジャー10組とチャレンジャーと呼ばれる11位以下の芸人が、ボキャブラコントで順位を争う。これに出ている芸人さんは〝キャブラー〟と呼ばれて、どこに行っても大人気だった。当時若手芸人の登竜門のような番組だった。

「爆笑問題」「BOOMER《ブーマー》」「ネプチューン」「金谷《かなや》ヒデユキ」「つぶやきシロー」「×－GUN《バツグン》」「海砂利水魚《かいじゃりすいぎょ》(現くりぃむしちゅー)」「Take2《テイクツー》」「U-turn《ユーターン》」などなど、この番組からスターになっていった芸人さんはたくさんいた。

このオーディションの話がコロコロコミックス、耳なり、ラーメンズに来た。

コロコロコミックスは解散が決まっていたので「ボキャブラ天国」のオーディションに

受かっても仕方がない。しかし、受けないわけにもいかないので、相方の鈴木くんと最初のオーディションに行った。僕らはショートコントを作ったこともなければ、ボキャブラネタも考えたことがなかったので大変だったが、なんとか2本考えて、オーディションに向かった。

麻布十番にある、番組の制作会社でネタ見せだった。

麻布十番駅に着いただけで「麻布だなんて芸能界だなー」と思って緊張したのを覚えている。とんねるずさんの「雨の西麻布」という曲でしか知らない町で、どことなく大人のイメージを抱いていたからだろう。「ボキャブラ天国」はすでに大人気番組で、メンバーも固定してきていたので、新しいスターを探していた。そんな番組のオーディションだけに、集まっている芸人さんたちも一様に緊張している。

もうすっかり忘れてしまったが、トイレでウンコをしているネタだったと思う。20年以上、やってることがまったく変わってないよ。そのネタでお尻を拭くシーンがあったのだが、そこだけ異常に練習したのを、これを書きながら思い出した。

ボキャブラ部分よりもトイレに座っている様子と、トイレットペーパーをコロコロ出すマイムを何度も何度も練習していた。細かいところをないがしろにしたらいけないとか考えていたのかな。そしたら、ネタを見てくれた番組の構成作家の高橋洋二《たかはしようじ》さん（ラジオ好きには「火曜ＪＵＮＫ 爆笑問題カーボーイ」の作家としてもお馴染み）がこう言った。

「トイレットペーパーのシーンを凄く丁寧にやっていたね」

ネタに関してはまったく触れられなかったが、そこだけを見事に突かれたのだった。恥ずかしかった。そんなことを言われるために練習したわけではない。特に気にも留めないくらい自然にやるために練習していたのだが、意識するあまり不自然になっていたのだろう。

「トイレットペーパーのシーンを凄く丁寧にやっていたね」は、いわゆるイジリというやつだ。昔から、さも凄いことをやっていますとこれ見よがしにやる芸は嫌いだった。自然に凄いことをやっているから、凄いのがわからないくらいのものが良い。とにかく失敗だ。大人気番組に出られるかもしれないというヤラシい気持ちが上手く見せたいという背伸びにつながり、肝心な若い勢いをなくしていた。

ネタ見せにはもちろん落ちた。ラーメンズも耳なりも落ちたが、僕らよりは良い反応だったと記憶している。落ちても悔しさはなかった。どうせ解散するからだ。終わることが決まっていると、とことんやる気がなくなる。これではダメだ。

こうして僕は、いよいよ決断することにしたのだった。

プロになる時、一緒にやるのは今立だろうという思いはあった。

あとは「いつからやるか」だけだった。今立が卒業してからでも良かったが、1年何もやらないのももったいない。すでに時は来ていた。

1996年秋。僕はこれから事務所からくるコロコロコミックスへの仕事は今立とやることに決めた。話は一瞬だった。電話で「そろそろやるか」と言っただけだ。今立も「やりますか」と言っただけ。

こうして、とても自然に今立とのコロコロコミックスはできあがった。

大学生としての活動では、まだ鈴木くんとのコロコロコミックスもやっていたし、今立もポゲムタをやっていた。しかし、この日から、事務所からコロコロコミックスへ来るプロの仕事は今立とやるようになっていった。

今立とやると決まったのは良いが、ネタは1本もない。コロコロコミックスもポゲムタも大学対抗お笑い選手権に出ているから、そっちに全力を注いでいる。なので、2人のネタは全然作らなかった。しかし、ボキャブラ天国のオーディションは定期的に来るので、コンビのネタは1本もないのにボキャブラコントばかり作る日々。

耳なりの小川くんが当時のことを覚えていて、「やついさんは『俺たちボキャブラコントしかないよ』と当時よく言ってました」と教えてくれた。

今立と組んだことを事務所に伝えると、ライブをたくさん入れてくれるようになったのだが、ネタがない。「面白い2人が組んだのだから、物凄く面白くなるに違いない」と事務所や芸人仲間、落研部員などから期待を込めて言われていたが、そんな簡単にはいかないのがコンビの難しいところだ。

コロコロコミックスのネタやポゲムタのネタはたくさんあったが、せっかくだから、2人ならではのものをやりたい。

しかし、それがどういうものかは頭に浮かんではいなかった。

NERD'Z

自分の「好き」から逃げられない

2人ならではのコント。これはとても難しい命題だった。

だって、それってすべての芸人の命題に等しい。これを突き詰めていくのが、芸の道ともいえる。それをまだ組んだばかりのコンビが打ち出すなんて不可能だ。

よく思われるお笑いコンビに対する間違った思い込みがある。

「面白い人同士が組んだら面白い」というものだ。これはあからさまな間違いだ。キャリアや人間性などを無視しているところから間違っている。

コンビネーションはそんなに簡単には育まれない。どんなに運動神経が良い人でも、やったことがないスポーツは下手なのに似ている。お笑いのコンビを解散して新しく組む場合は、お笑いという種目が一緒なのでわかりづらいが、「やったことがない」ってことは変わらないから一緒なのだ。やっぱり一からなのだ。

今立とは4年近い付き合いだったが、ネタを一緒に考えたことはない。だから、ネタ作りはとても大変だった。どちらかがネタを作らないでやってきていたら、話は早かっただろう。しかし、お互いネタを作ってきていたので、擦り合わせが難しい。

「どうやってネタを作るのがこのコンビなのか？」

これが定まらない。ここが決まらないと、ネタを作るのは大変だ。誰が考えるのか？　誰が責任を取るのか？　とにかく僕たちはお互いに「コロコロコミックス」と「ポゲムタ」というコンビがあったので、その時の作り方が基本にある。

でも、その時とは違う人間とのコンビだ。昔のコンビの作り方は通用しない。良い意味での独裁に至るまで関係も深くなっていない。ネタ作りはいつも行き詰まっていた。

笑いは他人が笑って初めて笑いとなるが、その出発点はやはり、自分が笑えることだと思う。笑いは人それぞれだし、そこにレベルなんてない。牛が出す牛乳にうまいもマズいもない。そこには個人の考え方があるだけだ。濃いからうまい。薄いからマズい。逆に薄いからうまい。濃いからマズい。そういう考え方。それはいつしか権威になり、自分の持つうまさの基準は毟《むし》り取られ、「濃いからうまいって、偉い人が言ってたよ」となるのだ。

要は自分が好きなものを他人に良いと思わせる戦いだ。

それは、面白さのレベルではない。ただ「僕こういうのが好きだからみんな好きになってよ」ってだけなのだ。この「僕こういうのが好き」を提示するのが、「2人ならではの」になるのだ。

だからって、他人のマネは面白くない。それはもう誰かが提示した「好き」だ。まだ誰も好きじゃないものを好きにならないといけない。ただ、自分は自分なので、その外に行けない。自分の「好き」から逃げられない。

これに他人が入ってくるのがコンビだ。「好き」の幅が広がったり狭まったりする。これは組む人によって変わる。だから、その互いの「好き」の幅をしっかり理解する時間が必要で、それが芸歴となる。これを理解するのに時間は必ずかかるし、理解できないなら解散するか、やらなくなるだけだ。こうしてコンビは育まれる。

だから、面白い2人が組んでもすぐ面白いわけではない。いやむしろ、あまり面白くないことが多いのは、すぐにはお互いの好きの幅が理解できないからだ。

そして面白いと言われる人は、たいてい「自分はここが面白い」という強い信念があるので、お互いぶつかり合い、結局互いの好きの幅に折り合いをつけることができず、つまらなくなるのだ。

音楽だともっとわかりやすい。演奏は下手でも、オリジナルメンバーに価値があるとする。そこにいくら上手いメンバーを入れても良くならない。それはストーリーがないってことでもあるが、結局何を良いと思っているバンドかを本質的にはわかっていないことが一番の理由だと思う。

オリジナルメンバーのバンドに魅力があるのは、ここがクリアになっているからではないか、と思うのだ。

結論から言えば、下手でも他人の前でネタをやっていくしかないのだが、厄介なのはお互いウケるコンビ（コロコロコミックスとポゲムタ）が他にあることだった。いずれ終わるコンビなのに、そっちのほうがウケるから、力を入れてしまうのだ。

こうして今立とのコンビのほうは、ちっとも面白いネタができないままだった。

エレキへの道

「コロコロコミックス」「ポゲムタ」「耳なり」が予選を勝ち抜いて決勝戦に駒を進めた後、大学での最大行事である学祭が開かれた。僕としては最後の学祭だ。良いものを作りたい。

まず、ライブのタイトルを考える。これは「エレキコミックで発表会」という形でコントを披露するようになった今も変わらない。最初はシティボーイズさんが好きだったこともあり、それ風のタイトルを付けたいと思案していた時期もあったが、徐々に「それって一番面白くないやつのやることだな」と考え直し、「自分は何が好きなのか?」を考えてタイトルにするようにしていた。

タイトルをどうするかを考えている時に、フッと浮かんだ考えがあった。音楽を聴いていたのだが、エレキギターの〝エレキ〟が気になった。そもそも、ギターはアコースティックギターしかなかったはずだ。何故、エレキギターが作られたのか？　きっと、音を大きくするためだ。アコースティックギターでは聴かせられる人数に限界がある。

昔、音楽はもっとパーソナルなものだったのだろう。その時代はそれで良かった。でも、たくさんの人が音楽を聴きたくなったら、アコースティックでは無理だ。だから、エレキになった。マイクだってなかった。生声で歌っていたのだろう。しかし、当然マイクなしでは歌が聞こえる人数は、ごくごく限られる。そこで「電気（エレキ）」を使って、声を大きくするマイクが生まれたというわけだ。

こうして、エレキのお陰で一気にたくさんの人数に音楽を聴かせることができるようになったのだ。これがまさに、その頃の自分の状態のように感じられたのだった。

それまでは学生だった。友達や近い人だけにネタを見てもらってきた。例えるなら、アコースティックな時代だ。大学の中だけが世界だったから、それで事足りたのだ。それで充分楽しかった。しかし、これから落研をさらに大きくするには、学内だけで活動していてはダメだ。もっと外に広げなければいけない。

そして、自分も学生時代はもう終わる。これからは完全にプロの芸人としてやっていく。もっともっと、大きい音を出さないといけないと思った。そうしなければたくさんの人には聴こえないからだ。だから、それまで持っていたアコースティックをエレキに持ち替えようと思った。それは落研にとっても自分にとっても「今」だった。

こうしてフッと浮かんだ考えをまとめていくうちに学祭のタイトルが決まった。

「エレキへの道」

自分の思考を、そのままタイトルにした。

これからは「もっともっとたくさんの人にネタを見てもらえるようにするために、アコースティックをエレキに持ち替えよう！」という決意をタイトルに込めた。

部長のこまっちゃんも気に入ってくれた。

この時出てきた「エレキ」というキーワードは僕の中でずっと残っていた。それが結局、自分のグループの名前になるとはまったく考えていなかった。

こうして行われた学祭ライブは、〝日本一〟効果もあり200円のチケットも完売して、大盛況だった。それを見て、同期の女子部員なみちゃんが「落研も大きくなったねー」としみじみ言ったのを覚えている。他大学から「学祭でネタをやってくれ」と呼ばれることもあった。ラーメンズの母校からも呼ばれ、ラーメンズ、コロコロコミックス、ポゲムタ、耳なりでネタライブをやったりした。他にも、和光大学や東京農大なんかの学祭でもネタをやりに行ったと記憶している。

こうして年が明け、いよいよ大学対抗お笑い選手権の決勝大会の日を迎えたのだった。1997年1月18日。僕たちはTBSラジオの1スタジオに集まった。ここが決勝大会の会場だ。決勝の模様はそのままライブ録音され、1月26日の26時半から1時間TBSラジオで流れることがアナウンスされた。

我が大学からは「コロコロコミックス」「ポゲムタ」「耳なり」が残っていた。東京の代表はもう1組で、ラーメンズを破った「なにわかめ」だ。関西の予選を勝ち抜いたのは「とんがりネッシーズ」と「ねこじゃらし」という2組だった。どちらも実力のほどはわからない。6組のトーナメントなので2組はシードになる。シードになれば、いきなり準決勝だからかなり得だ。

トーナメントはくじ引きで決められ、僕らコロコロコミックスは残念ながらシードを引くことはできなかった。耳なりとポゲムタはシードを引き、幸先の良いスタートを切った。これでネタを3本やらないといけなくなった。2本で済む耳なりとポゲムタには、かなりリードを取られたといってよかった。しかし、僕らのほうがコンビ歴が長い分、イーブンだともいえる。とにかく目の前の戦いに全力を尽くすのみだ。

まずは「なにわかめ」対「ねこじゃらし」の対決で、決勝大会の火蓋が切って落とされた。なにわかめは第1回大会から出場している古株だ。あのラーメンズを破っただけに乗っている。ねこじゃらしはまったく知らないダークホースだが、かなり面白いコンビだと噂になっていた。

先攻のなにわかめはオーソドックスなスタイルのコントだ。タクシーの運転手のコントだが、ボケの声が高くて独特だ。そこに関西弁のツッコミが入る。悪くはない。ねこじゃらしに勝ったら次は耳なりと当たる。となると、独特なセンスのコントをやる耳なりがかなり有利だなと思った。

続いて、後攻のねこじゃらしのネタが始まった。応援団の格好の2人が舞台に登場した。そこからは爆笑ショーの始まりだった。野球の応援歌に合わせて選手たちを紹介していくというコントなのだが、このボケがすべてハマっていった。歌とリズムとボケのコントは、とにかくハマると強い。

終わってみると、ねこじゃらしの圧勝で準決勝に駒を進めた。耳なりの相手はねこじゃらしになった。かなりの強敵だ。耳なりも危ないかもしれない。

しかし、後輩の心配をしていられる立場ではない。次は僕らコロコロコミックスと関西のとんがりネッシーズとの戦いだ。アナウンサーが先攻のコロコロコミックスをコールした。最後の大会になる鈴木くんと固い握手を交わし、僕たちは舞台に飛び出していった。TBSのスタジオに作られた特設のステージは、まるでテレビ番組のようでテンションが上がった。お客さんは狭いながらも80人くらい入っていて、「笑っていいとも！」の時のスタジオアルタのような雰囲気だ。

審査員は5人。面白いと思ったほうの札をあげる。必ず勝敗がつくシステムだ。決勝トーナメントは負ければ終わりなので最初から全力でやるしかない。良いネタを取っておいても、負ければできない。必然的に良いネタからやっていくことになる。優勝するまでには3本ネタが必要なのだが、新しいネタで3本も良いものを作るのは至難の業だ。なんとか1本は作れたけど、それ以上は「なんとかなるかな～」くらいのものしかできなかった。とにかくまずは自信のあるネタからやるしかない。

ステージからお客さんが近い。表情や声の大きさが、直に伝わる。やりやすい。見事に爆笑を取る。手応えを感じた。1回戦で負けるわけにはいかない。相手の面白さはわからないが、勝てるデキだ。

後攻のとんがりネッシーズは、2人組でオーソドックスな関西弁のしゃべくり漫才だった。達者である。ただ緊張しているのか少し硬い。ウケは取りながらも、決め手に欠ける感じだった。見終わった瞬間、勝ったと思った。案の定、コロコロコミックスはとんがりネッシーズに完勝してベスト4に進んだのだった。

ちなみに、とんがりネッシーズの2人は1学年下で、ツッコミの安田《やすだ》とボケのウニ吉《きち》のコンビだった。プロ志望の2人は卒業後、東京に出てきて僕らと同じ事務所に所属することになる。安田はこの何年後かに、日テレ「進ぬ!電波少年」で五択の安田としてブレイクする。

そのオーディションにはうちの事務所から全芸人が行っていた。当時の電波少年は超人気番組で、スターの数々を世に送り出していた。ただ、受かるとどこかに連れて行かれてしまい、他の仕事ができない。なので、オーディションも受かりたいような受かりたくないような、微妙な空気が流れていた。

電波少年のオーディションは、部屋に入るとスタッフさんが一列に座っていて、テーブルに置いてあるトランプから1枚引けと言われ、それを5回引いて終了というものだった。その時はまったく聞かされていなかったが、超能力的な力で生きていけるかのドキュメンタリー企画のオーディションだったようだ。

電波少年のオーディションはいつもそうで、何をするのかまったく聞かされなかった。当時のとんがりネッシーズはライブ以外に仕事はなかったが、安田はたくさんいた芸人の中で唯一5枚とも同じカードを引き当てたのだった。

麹町の日テレでオーディションが終わり、みんなで帰っている時「今日はどうだった?」「よくわかんなかったねー」「トランプ何枚同じの引いた?」などと話していると、一番後ろを歩いていた安田が「俺全部同じの引いたんだ。そしたら座ってたスタッフの人から歓声が上がったよ」と言ったのだ。

僕たちは「安田そりゃ受かったよ!」と盛り上がった。

帰りに新宿のアカシアで、みんなでご飯を食べた。促されて一番辛いカレーを注文した安田が、辛過ぎて汗だくになり真っ赤な顔で食べていたのを覚えている。あまりそういうことをするタイプでもないのに、忙しくなりそうな予感と不安がごちゃごちゃに混ざった感情が、そんな馬鹿を安田にやらせたのかなと思った。

そして安田は、オーディションに合格して長い旅に旅立っていった。毎週テレビに出て人々に顔を知られていった。企画はなかなかの人気になった。1年くらいで終わるはずが、2年、3年と続いていった。当たり前だが、とんがりネッシーズは活動がまったくできない。相方のウニ吉も漫才がやりたいとの思いで芸人になった人で、器用なほうではなかった。結局、安田の企画が終わる頃に、とんがりネッシーズは解散した。

安田はテレビも終わり、コンビも終わり、1人になった。ウニ吉は芸人を辞めた。あの時オーディションに受かっていなかったら、とんがりネッシーズは続いていたかもしれない。やっぱり辞めていたかもしれない。これぱっかりはわからない。どっちになっても「起きた結果を自分はどうプラスにするのか?」これが大事であって、結果がすべてではないことを学んだ。今、安田はうちの事務所で役者として活躍している。

いよいよ、ベスト4が出揃った。僕らコロコロコミックス、今立と澤田のポゲムタ、小川と川島の耳なり、そして関西のねこじゃらし。なんとベスト4のうち3組が、我が落研のグループだった。もう、大学対抗戦なら2連覇を達成したといってよかった。しかし、今回は個人戦。3組中、誰かが優勝すれば2連覇だ。それはもちろん、自分たちコロコロコミックスが成し遂げるぞ！　と気合いを入れた。

就職するつもりがない僕は何もやることがなかった

いよいよ準決勝。まずは「耳なり」対「ねこじゃらし」だ。同じ雰囲気を持つグループの対決だけに結果は読めない。それに続いては、「ポゲムタ」対「コロコロコミックス」の同門対決だ。先輩として絶対に負けるわけにはいかないが、まずは耳なりの応援だ。耳なりが勝てば、その時点で我が落研の2連覇は確定する。

ドキドキの準決勝。先攻の耳なりのネタが始まった。耳なりは独特のセンスで、落研の中でも一目置かれていたが、この大会でいよいよ世間にも注目されて、その才能が大きく花開こうとしていた。

この時のネタは、目の悪い友達のために内緒でメガネをプレゼントするというネタだった。度が合わないので迷惑がられる。でも、内緒で買ってきた友達は怒りながら言うのだ。

「俺お前になりきって視力検査したんだぜ！　見えても見えないって嘘までついてさ」

自然と湧き上がる笑いが会場を包んでいた。

メガネはとてもパーソナルなものなのに、それをプレゼントするやつはいない、という違和感を広げて一本のネタにするのが耳なりの得意なパターンだった。この方法だと最初の面白ささえ見つけられると短いネタであれば結構できてしまうので、後輩など真似するやつが続出したが、耳なりほどのクオリティーのネタは出せなかった。

結局コントでも漫才でも人間がやることだ。人間の魅力がなければ、どんな面白いネタだって面白くない。大学生やお笑いを始めたての人間が陥りやすいミスだが、ネタ作りや大喜利的な発想が面白いと勘違いし、人間の表現力をないがしろにしてしまう者が多い。表現はあまりにも簡単にみんなやっているので、それがとても重要なことだとわからないのだ。だから、自分がやってみて初めて気付く。こういう人間はプライドだけは高いので、たいていそのタイミングでお笑いを辞めていく気がする。

耳なりは上手くはないが、朴訥《ぼくとつ》とした芝居がネタとぴったり合っていて、ステージ上で独自の魅力を倍増させていた。見事に爆笑を取り、ネタを終えた。普通ならこれで勝利は確実だが、相手は1回戦で応援団のネタで爆笑を取ったねこじゃらしだ。油断はできない。

準決勝のねこじゃらしは和服で登場した。面白そうな雰囲気が会場を包む。俳句を詠み合っていくネタだった。どうやらねこじゃらしは、ラジオのハガキ職人的なネタ作りを得意とするコンビのようだ。このタイプのグループの最大の弱点は、演技力のなさだ。俳句を詠み合っていくネタの中でドラマを作り、ストーリーのうねりを作ればいいが、往々にしてただネタを出し合っていくだけになりがちだ。ねこじゃらしはやはりそのタイプだった。応援団のネタにはあった爆笑はまったく起こっていない。淡々とネタが終わってしまった。

終わってみれば、耳なりの圧勝だった。こうして耳なりは早々に決勝進出を決めた。これで誰が勝っても我が落研の2連覇が決まった。というか、1、2、3位すべて独占だ。圧倒的な勝利だった。

耳なりの戦いが終わると、いよいよ我々「コロコロコミックス」と、今立と澤田の漫才コンビ「ポゲムタ」との同門対決だ。落研の部員たちも、どちらを応援したらいいか気をつかっている様子だった。

どちらが勝っても嬉しいし、悔しい。同門対決は複雑な感情を起こさせる。

先攻はポゲムタだった。ポゲムタにとっては初戦。一番良いネタを持ってくるに違いない。時事ネタと天然ボケを混ぜたスタイルがポゲムタの漫才だ。見事にお客さんと波長が合うと手がつけられない。この時は野球のイチローが大活躍していた時期で、それをネタにしてきた。見事に笑いを積み上げていく。キメの部分で爆笑を取る。完璧なデキだった。プレッシャーが重くのしかかる。相方の鈴木くんも緊張している。泣いても笑ってもこれで決まる。最後の舞台になるか、もう1回あるかだ。全力を尽くすしかない。

僕らのネタは、入院している鈴木くんを見舞いに行くネタだった。暇してるだろうからと、鈴木くんのために自分でエロ本を作って持っていくというボケで爆笑を取る。そのエロ本がマニアック過ぎて、全然エロくないというボケで笑いを重ねていった。オチまでしっかりやり切った。デキは互角であった。あとは審査員の好みだ。

ステージに先攻のポゲムタも呼ばれる。司会者を挟み、2組は右左に立つ。

息をのんで結果を待つ。

「審査員のみなさん一斉に札を上げてください！　どうぞ！」という司会の声とともに、5人の審査員が一斉に札を上げた。会場から歓声が上がった。3対2。一票差だった。

こうして僕たちコロコロコミックスは、この戦いが最後の舞台になった。

決勝は「耳なり」対「ポゲムタ」。戦いを終え、悔しそうな鈴木くんに僕は言った。

「後輩が自分たちを超えていくってことは、俺たちが作ってきた落研が盤石になったってことだよ。良かったね。これで卒業しても安心だね」

鈴木くんも頷く。笑いのクラブは長続きさせるのは難しいと言われていた。面白いやつがいても、そいつが卒業するとたいていクラブが潰れていく。理由は簡単だ。面白いやつは自分が面白ければ良いので、部を大きくしようなんて思っていないからだった。

僕たちは違った。落研を大学一の部にしたかった。負けた悔しさはもちろんあったが、その結果はある意味では僕たちのやってきたことの勝利の証明だった。

耳なり対ポゲムタの決勝は、本人たちにとっては大変だったろうが、見ている部員からすれば楽しいだけだった。どちらが勝っても我が落研の勝利に変わりない。もう優勝したような雰囲気が我が落研に漂っていた。どちらも爆笑ネタを披露し死力を尽くした結果、2年生の耳なりを破り、3年のポゲムタが見事優勝で幕を閉じた。

こうして我が落研は2連覇を達成し、名実ともに日本一の落研になったのだった。その姿は僕たちが1年生の時に夢見た落研の姿そのものだった。1位2位3位を、我が大学落研のグループが独占して「第3回全国大学対抗お笑い選手権大会」は幕を閉じた。この大会の模様は、そのままTBSラジオで放送されるとのことだった。

2年連続完全優勝ということで、関東関西の大学のお笑いサークルでは知らない者がいないほどのクラブに発展した。とはいっても、素人の大会ではあるが。

大会が幕を閉じると、僕ら4年生は卒業するだけである。一応、卒業ライブを企画して最後にやることが決まっていたが、就職するつもりがない僕は何もやることがなかった。その折、一本の電話が入った。見たことない番号だったが、当時はまだ携帯電話が普及してきたばかりで、知らない番号からかかってきてもガンガン出たもんである。

大学生になる前は、携帯もＰＨＳも誰も持ってなかったから、家の電話にかかってきた電話は誰かわからないなんて当たり前で、当然すぐに出たし、急にピンポンが鳴っても無警戒に玄関を開けたものだ。

今や知らない携帯からの電話なんてまず出ないし、いきなり家に来るやつなんて宅配便しかいないから、〝ピンポン〟が鳴ると必要以上に警戒する。あの当時は牧歌的だったなと思う。

当時の僕はPHSしか持っていなかった。知らない番号だったがすぐに出た。

「もしもし」

「もしもし俺や!」

電話の相手はすぐそう言うと、ビックリする名前を告げた。

「俺や! 田中や! ホネっちや!」

なんと卒業式前日にいきなり退学して以来、音信不通だったホネっち先輩からの電話だった。

「また優勝したらしいな! 俺も嬉しいわ! やつぃはプロになるんか?」

いきなり行方不明になったことは、先輩の中ではなかったことになっているみたいだった。いろいろ聞いてみると実家のある滋賀県に帰り、バイトしながらプラプラしているらしかった。どうやら、またこまっちゃんとコンビを組んでプロになろうという魂胆もあるみたいだった。

「落語家になる」と弟子入りを志願するも、断られて1年がたっている。一度断られても本当になりたいなら、なんとかできたはずだと思わないでもない。僕ならそうするだろう。

しかし、ホネっち先輩はスッパリと落語家の道は諦めたようだった。まさかの退学事件以来、久しぶりの電話で、何をしているかわからなかったホネっち先輩の足取りもこれで掴めた。

聞いたら先輩は、噂どおり4年間でほとんど単位を取ってなかったようだ。なんだか有名人ってそういう人多い、みたいなことを言っていた。〝才能あるから中退してる〟的な論調に反吐《へど》が出そうになる。ただ、ホネっち先輩が言うと笑ってしまう。

電話の話を落研でするると、みんな驚いていた。結局また、すぐに忘れてしまうんだけど。自分以外の人間は、自分が考えているより、本人以外に全然興味なんてないのだ。


僕らの卒業が近づいて来た2月。僕の相方だった鈴木くんと耳なりの2人で卒業旅行に行こうという話になったようで、鈴木くんから「やついくんもどう？」と誘ってもらった。まるで予定もないいし、みんなで車で行くからお金もそれほどかからない。断る理由もないので、僕も便乗卒業旅行に行くことにした。

耳なりの小川くんと川島くんと鈴木くんと僕。せっかくなので、4人で滋賀県のホネっち先輩の実家に行こう、ということになった。

ホネっち先輩に4人で電話をする。

「おい！　俺ら4人で行くからよ、案内頼むわ！」

わざと失礼に連絡すると、「わかりました。気を付けて来てください。っておい！　わし先輩や!!」とホネっち先輩らしいノリツッコミをいただく。

耳なりの小川くんは実家から大学に通っていて、よく車に乗っていたのでドライバーになった。鈴木くんは免許取りたてだし、川島くんもペーパー。僕に至っては免許を持っていない。

前日からテンションが上がった僕らは、僕の住むスサキ荘でほぼ徹夜で部員たちと騒いだ。「小川くんはドライバーだから寝なよ」といっても、そんな状況じゃ眠れない。

結局小川くんも徹夜で、混む前に行こうと朝4時前にスサキ荘を出発した。

最初こそテンション高く過ごしていたが、寝ていない僕らは1人寝、2人寝し、最後はドライバーの小川くんを残すのみとなった。その時、僕らを乗せた車は滋賀県に向かって高速を飛ばしていた。

その前から、何度か小川くんから「眠いです。ヤバイので一旦休憩しましょう」との申し入れを受けて、ドライブインに入ったりしていたが、停めると目が冴えるらしく、すぐに「もう大丈夫です」と言って出発する、というのを2回ほどやった後だった。

僕らは眠っていたので後で聞いた話だが、小川くんは高速を走りながら、ほとんど眠っていたそうだ。

「運転すると眠くなる。ドライブインに入ると目が冴える。となると、もう運転しながら、寝るしかなかったんです！」というトンデモ理論をぶつけてきた。運転しながら寝ると決めた時に、寝ている僕らに言ったそうである。

「ごめんなさい」

生きていたのが奇跡である。

4人が乗車して4人とも寝ている車は、ホネっち先輩の待つ滋賀県に着いた。

「エレキコミックでいこうか?」

4人乗っているうちの4人が寝ている車は順調に高速を飛ばし、昼くらいには滋賀県に着いた。ホネっち先輩がわかりやすいところまで出て来てくれていたので、そのまま車で轢《ひ》こうとする。血相変えて逃げるホネっち先輩。ゲラゲラ笑いながら、久しぶりの再会を楽しむ。卒業式にいきなりいなくなって以来の再会だ。

ホネっち先輩は相変わらずガリガリだった。僕たちは、別に予定を決めずに来たので、どこに行きたいとかもなかった。ホネっち先輩に丸投げする。

先輩がいろいろな案を出してくるが、すべて否定。怒るホネっち先輩。ゲラゲラ笑う僕たち。この繰り返しを飽きるまでやり、キングオブ観光地の京都に行くことになった。車なら滋賀から京都はすぐ近くだ。金閣寺や銀閣寺、三十三間堂などを回る。

行くとこ行くとこで、駐車場代も観覧代も取られてお金のない僕たちには辛いので、途中からホネっち先輩に全部買わせて、後でお金を断じて払わない手法を取ることにした。

「なんで俺が全部払わなあかんねん！」と先輩は怒り、ツッコミ続けていた。

怒ったら耳なりの川島くんの登場だ。ボクシング部の川島くんがシャドウボクシングをしてホネっち先輩を牽制する。先輩が「まあええけど」と言って払うの繰り返し。

最後に立命館大学の学食で飯を食おう、となったが、どうやらホネっち先輩のお母さんがご飯を用意してくれているそうなので、コーヒーだけにして戻ることにした。

ホネっち先輩の家に帰ると、ご馳走が用意されていてテンションが上がった。一口食べてはご馳走様のボケを繰り返し、その都度、ホネっち先輩がツッコミを入れる。ご飯を前にお菓子を食べるボケとのコンボで、先輩はツッコミすぎてクタクタになっていた。

その後も先輩の部屋でエロ本を探したり、先輩を入れずに麻雀をしたり、お父さんのものと思われるナポレオンを雑な飲み方で勝手に空けちゃったり、エロ本探索の途中で見つけた広末涼子のテレホンカードを盗んだり、と忙しい夜を過ごした。

その夜、一本の電話がかかってきた。事務所からだ。今立とのコンビがなんとなく始まっていた時期で、TBSラジオ「赤坂お笑いDOJO」のネタ見せに受かっていた僕たちは「コロコロコミックス」のコンビ名をそのまま踏襲していた。

しかし、「お笑いDOJO」の観戦当選ハガキに名前を印刷する関係で、商標登録されている「コロコロコミック」はダメだと言われ、今すぐ変えろとのことだった。「コロコロコミックはあるけど、コロコロコミックスはないでしょ?」と言ってもダメなものはダメなようだ。そもそも、鈴木くんと作ったコロコロコミックスは解散したわけだから「新たに今立とやるならコンビ名も変えたほうがいい」とも言われる。というか決定事項のようだ。印刷の関係で時間もない。その日がリミットらしかった。しょうがないので、今立に「コンビ名をどうしようか?」と電話をする。良いアイデアはなさそうだ。ちょっと考えてみようと、一旦電話を切る。

それまでの宴会気分も冷め、思考モードに切り替える。しかし、なかなか浮かばない。「ポゲムタ」と「コロコロコミックス」だから「ポゲムタコミックス」とか「ポゲポゲコミックス」とかでいいか、と投げやりになったりもしたが、これからずっとこのコンビ名でいかないといけないわけだから、もうちょっとちゃんとしないと、と気を引き締める。

といってもすぐ決めないといけない。どうしよう？　0からは難しいからコミックは残して○○コミックでいこうかな、と考えが固まってきた。

そこでひらめいたのが「エレキ」という単語だった。

これからはプロになりたくさんの人に向かっていく。そろそろエレキの音量が必要だ。

エレキコミック

紙に書いてみる。ずっとコロコロコミックスと書いていたので、何だかしっくりこない。自分の声を録音して聞いた時みたいな違和感を感じる。他にも「○○コミック」をたくさん書き出してみる。どれもしっくりこない。やっぱり「エレキコミック」が一番収まりがいい。意味がなさそうで意味がある。思想もある。電気グルーヴが好きだったので、電気=エレキなところも良い。電気と漫画。まさに芸風を言い表しているようにも思えた。

「これだな！」

すぐに今立に電話をする。

「エレキコミックでいこうか？」と僕が言うと、

「いいんじゃないですか」と今立は言った。

「じゃそれで」と言って電話を切る。

すぐ事務所に電話をかける。

「〝エレキコミック〟でいくことにします」

こうして僕たちは、エレキコミックになった。

結成年月日も伝えないといけない。96年から活動はしていたが、コンビ名も新しくなったので97年1月1日ということにした。それだけ伝えてみんなの輪に戻る。

「コンビ名、エレキコミックにしたわ」

鈴木くんは「いいね！」とフェイスブック先取りみたいなコメントをしてくれた。

みんなカッコいいと言ってくれて、段々馴染んできた。

「コロコロコミックス」から「エレキコミック」へ。

それは、滋賀県のホネっち先輩の部屋で起きた、僕らしか知らない事件だ。

エレキコミックの生まれ故郷は滋賀県なんだな〜と今、書きながら思った。

その日は名残り惜しさからか、みんななかなか帰らなかった

ホネっち先輩の家をあとにして、僕たちは一路、僕の実家のある四日市に向かった。通り道だし、ちょっと寄って行こうかってことになったのだ。

両親と弟が出迎えてくれた。たらふくご飯を食べて、泊まらず東京に帰る。お腹いっぱいになった小川くんが、また運転しながら寝てしまうんじゃないか？　そんな不安もあったが、無事天国には行かず、東京まで帰ることができた。

いろいろあったが、楽しい旅行だった。誘ってくれた3人には感謝しかない。ホネっち先輩にも世話になった。

なくなった広末涼子のテレホンカードにはそろそろ気付いたかな？

卒業旅行を終えると、残るは卒業ライブと卒業式だけだ。

鈴木くんと僕、そして同期の女子部員くまちゃんとなみちゃんの4人がめでたく卒業になる。僕以外の3人は就職も決まって、しっかりした社会人になる。相方の鈴木くんは浜松のサッシ会社に就職が決まっていたので、卒業したらなかなか会うことはできなくなるだろう。

卒業ライブはお客さんに見せるというよりは、落研部員たちに見せるライブの雰囲気が強かった。これが鈴木くんと4年間やってきた「コロコロコミックス」の最後の舞台だ。僕たちは1年生の時に初めて作った進路相談のネタをやった。くまちゃんとなみちゃんも一度だけコンビを組んだ時に披露したネタをやり、卒業ライブは終了した。

この4年間で落研は大きくなった。

小教室でやっていたライブも学生ホールという立派なホールを借りてやれるようになった。7、8人しかいなかった部員も30名以上になった。部室も奪還した。大学日本一にもなった。個人チームで1位2位3位を独占した。大学内で落研を知らない学生は、ほとんどいないくらいのクラブになった。大満足の4年間だった。卒業する4人でそんなことを喋りあった。

部室で3年生のポゲムタの澤田が、僕たちの卒業に号泣してみんなにイジラれたりと楽しい1日だった。その日は名残り惜しさからか、みんななかなか帰らなかった。鈴木くんが最後に「もうこれからの人生で、コントをやることもなくなるな〜」と独り言のように言った。

卒業式当日。

前の年はホネっち先輩失踪事件など、しっくりこない終わり方だったが、この年はしっかり4人とも卒業したので、卒業生を送る会もバッチリ行われた。式典から出てくると、落研の後輩たちが迎えてくれる。胴上げをされた。人生で2度目の胴上げだ。1回目は初めて大学日本一になった時だった。宙に舞いながら、落研での日々を思い出したりした。

ひとしきり後輩からの祝福を受け、また同級生たちの集まりに戻る。そこで何故か、僕が代表としてみんなの前で挨拶することになった。

しょうがないので僕は「みんなが自慢できるような芸人になります！」と宣言した。拍手が僕を包む。こんな人数の前で宣言したのだ。もう後戻りはできない。これからはもう学生ではないのだ。親も頼れない。自分でお金を稼いで自分を食わせないといけない。

この時は、もちろん芸人だけで食うことはできてなかった。卒業したら、ラーメンズの2人から紹介してもらった病院の警備のバイトで当面は生きていくことになっていた。凄く楽で「何回か見廻《みまわ》りをすれば、後は自由なのでネタを考えたりできるよ」と聞いていたが、不安がないわけではなかった。

僕は卒業した後もスサキ荘に住み続けることにしていた。

相方の今立が学生なので、大学の近くにいたほうがネタの練習などなにかと便利だからだ。それに、引っ越すお金もなかった。スサキ荘は家賃が1万8千円なので、ここより安いところはないだろう。頻繁に仕事があるわけでもないから、都心への交通費もそれほどかからない。

当面の生活はあまり変わりそうにない。生きていくだけなら、それまで通りでなんとかなりそうだ。しかし、社会的な立ち位置はまったく異なるだろう。それまでは学生やってますでよかったけど、これからは自分の力で身分を勝ち取らないといけない。

「芸人ですと言っても恥ずかしくないところまで、上がらないといけない」と決意を固める。これからは言いわけはきかないだろう。学生をやりながら芸人もやっている時は、ダメなら辞めればいいしなと思っていたが、これからはそうはいかない。みんなの前で宣言してしまったし、ダメだったら会わす顔がない。確実な道が見えない未来に旅立つ気持ちは不安しかなかったが、それを漠然とした自信で抑え込む。

諸々の集まりを終えると、落研卒業生で集まった。

鈴木くんが「やついくんなら絶対大丈夫だね！　ダチくんとなら、なおさら大丈夫そう。

テレビで見るの楽しみにしてるよ」と笑顔で言った。

僕も自信満々に「楽しみにしてて」と言った。

みんなとのお別れをすませると、1人スサキ荘に帰ってきた。暖房もない部屋は寒い。
コタツをつけ、潜り込む。電気を消し、徐々に温まってきたコタツの熱を感じながら、
ぼーっと天井を見上げる。昨日と何も変わっていない風景。なんだか自分だけが船から放
り出されて、海にプカプカ浮いているような気分になった。
すぐに電気をつけてネタを書き始めた。

演芸大賞を取るまでの話。

大学を卒業して、バイトをしながらだらだら生きていた。

バイトは本当に向いていない。働く能力がない。よくバイトでも「社員にならないか」とか言われる人がいるが、凄いと思う。僕は言われたことがないし、大抵「どうしようもない奴が入ってきた」って顔をされるのだ。

ある工事現場では何もできなさすぎて、最終的に上から落ちてくる水滴がバケツに入るかどうかを見ている仕事をやらされたりした。要するに何もしていないわけだ。

「絶対クビにならない」と言われたバイトもクビになった。

僕は履歴書を書いたことがなく、最終的には小説家を目指している同級生の菅原《すがわら》くんの紹介で、日雇いでその日のうちにお金をもらえるダクト清掃のバイトをした。

そのバイト先は池袋にあった。夜、会社に集まって車で現場に行き、仕事をして朝帰ってくる。そしてお金をもらう。その日にもらえるからか、みんなすぐ使ってしまうらしい。

ここでもやはり、やる気のない僕はどうしようもないバイトの一人だった。

ただ、ここをクビになるともう行くところがないので、それなりに頑張った。

同じ事務所の芸人にも紹介して、結構知り合いも増えていったけど、僕は最低限しか働かなかった。楽しくないことは本当にできない。

家はまだ八王子にあった。家賃も1万8千円と安い。落研の後輩もたくさんいるのでなんとかなる。ほとんど留年してる人みたいな生活をしていた。最低限だけ働いて、あとは大学で落研部員と会ったり、バイトを紹介してくれた、留年して大学に1人残っていた菅原くんと遊んでいた。大学5年生。この1年間、一応お笑いをやっていたが、全然仕事がなかった。

僕らのコンビは期待されていた。お互いネタを作っていたし、落研ではまあ中心的な活躍をしていたから、この2人が組んだら凄いと周りからは言われていた。僕らもバカなので、プロになったらすぐ売れるのかと思っていたが、現実はまったくうまくいかなかった。

最初のネタ作りの時、お互いのコンビでやってきたことはやめようという話になった。せっかく新しく組んだのだから、革新的なことをやって驚かせたかったのだ。

だが、そういう縛りを作るとまったくネタが浮かばない。漠然と凄く面白いものを作る気でいるが、今までのやり方はできないと思っているので、思考の取っ掛かりを掴めない。自己評価の高さと実力のなさ。できないまま、ライブの日になってしまう。なんとかやるが、小ボケで笑いを取っているだけで、グルーヴしていない。そんな繰り返しだった。

一からやり直しの毎日だった。自分たちのネタはできないのに、後輩のためにネタは作っていた。他人のためのネタ作りは変な力が抜けているからか、するするできて、よくウケた。ある日、後輩に作ったネタを「エレキコミック」でやってみたら、それまでとは確実に違う笑いがきて、めちゃくちゃウケた。結局自分を可愛がるあまり、これもダメあれもダメと勝手にハードルを上げていたのが原因だった。

それからは自分のネタも他人事みたいな気持ちで作るようになった。そうすると、昔のコンビでやったネタももう一度やってもいいかと思えるようになった。4年間でたくさんネタを作ったのに、それをやらないのはもったいない。やってみると、やっぱりウケた。それに気付くまでに1年くらいかかった。急に変身するなんて無理なのだ。違う人と組んでも、急に面白くなるわけではない。

僕らが何とかコンビ力を上げようともがいている間に、世の中は「ボキャブラ天国」がブームになっていた。そのオーディションにも行かせてもらったが、とても太刀打ちできなかった。爆笑問題さんやネプチューンさんがまさにブレイクしていて、僕らも乗りたいなと思ったが、コンビ1年目の僕らには余裕がなかった。

なんでも一生懸命やっている風に見せようとしてしまう。気に入られようとしている。媚《こ》びの匂いのするひよっこだった。そんなものはあっという間に見破られる。ネタ見せをした作家の人に「丁寧に演じてたね」と言われた。要するに固いということだ。嘘くさかったんだろう。テキトーな雰囲気で自然にネタをできるまでにはやはり時間がかかる。

大学では同じ年の奴らと戦えば良かっただけだが、プロになったらテレビで見ていた人と戦わないといけないんだなと、当たり前のことにやっと気付いたのだった。同期の「ラーメンズ」は、このあたりからどんどんスタイルを完成させていった。同じ事務所でもあった小林賢太郎と僕は結構仲が良かったので、いろんな話をした。毎月事務所ライブがあったので、必ず月1回は会っていた。大喜利をやったり、企画を一緒にやったりした。

その頃はラーメンズが徐々に人気になってきていたので、事務所のライブはいつも満員だった。当時、ライブシーンではシュールブームが起きていた。ラーメンズ、バカリズム、やるせなすなどが人気を博していた。僕らもシュールなネタを結構やっていたが、自分たちのスタイルというわけでもなかった。やはりスタイルを作り上げないといけない。まだそれがなんなのか決めかねていた。結局、テレビに出て人気者になりたかっただけだった。

その頃の僕はプロになったから、あとは事務所が仕事を持ってきてくれるものだと思っていた。いろんな人が自分たちがどうやったら売れるか考えてくれて、そのために動いてくれる。そういうもんだと思っていた。もちろんそんなことはないのだけど。

ただ待っていても、仕事は一切来なかった。月1の事務所ライブと、ライブに出るためのネタ見せが何回かあるだけだ。テレビなんてもちろんない。ほかのグループはいいなーと被害者のような気持ちで過ごしていた。

世の中は「ボキャブラ天国」から「進め！電波少年」へとブームが変わっていった。この番組からたくさんのスターが生まれた。僕らもネタ見せに行って、何度か番組の前説をやったりした。そして、ある日のネタ見せで合格し、後楽園ゆうえんちで夏休みの間にやる企画に受かった。

ここには同期くらいの芸人がたくさん呼ばれていた。後楽園ゆうえんちが夏休みの間だけ夜も営業するということで、そこで僕らは天使の格好をして、来た男と女のお客さんたちをマッチングさせるという巨大お見合いイベントのような仕事だった。

ＤｏｎＤｏｋｏＤｏｎのぐっさん、森三中、ダイノジ、佐久間《さくま》一行《かずゆき》、ホーム・チームや、その後「箱男」としてメイン企画も始まるダブルブッキングも参加していた。

それから1カ月半の間、毎日後楽園に通うことになった。これが決まってから生活は一変した。まず、八王子から水道橋まで通うのがしんどくなった。時間もだが、お金がかかる。ギャラは企画が全部終わるまで出ないが、交通費はその都度かかる。とても無理だった。それまであまり不便さを感じていなかった八王子が急に遠くなった。

そんな時に、学生時代の友達で放送作家になった江《ごう》さんから、「荻窪の家を使っていいよ」と言われた。ほとんど作家事務所で寝泊まりしていて、使っていないからどうぞ、とのことだった。これは助かった。荻窪から水道橋ならすぐだ。こうして僕は夏の間、荻窪で過ごした。人間はどうしても快適さに慣れてしまう。八王子に帰るのが馬鹿らしくなってきて、やっと引っ越しを考えるようになった。もう大学を卒業して2年が経っていた。

この「電波少年」の企画に出られたことは自分にとって凄い刺激になった。事務所に先輩芸人がいなかったのもあって、芸人とまったく接して来なかったから、同期の芸人たちがどういう考え方をしているのかとか全然知らなかった。いろんな事務所から来ていた芸人たちのお陰で、一気に学生気分がなくなっていった時期だった。自分もなんとかしないといけない。考え方が変わった。

その時に、ディレクターの人が言っていたセリフで、物凄くよく覚えているものがある。「一生懸命やるとかどうでもいいから、面白いことやってくれ」と。確かにそうだなと思った。一生懸命やることに意味はない。面白いことにこそ意味がある。一生懸命やって面白いならそうしたらいいが、一生懸命やってつまらないなら必要ないってことで、大事なのは面白いかどうかだと。お前が一生懸命かなんて関係ないのだ。結果がすべて。

そこからは言われた通りやるとかじゃなく、勝手にコントをやったりした。そんな日々の中である時思った。このままやっていても、ただ企画をこなすだけで、使われているだけだ。今やっていることを次に繋げなければいけない。メイン企画が始まるってのがあるなら良いが、僕らは選ばれなかった。それなら受け皿を自分で作らないといけない。この1カ月半を無駄にはできない。この企画で初めて知ってくれた人もたくさんいたし、前に比べて面白いと思ってくれる人も増えていた。何もしなければ、この人たちは企画の終了とともにいなくなるだろう。その人たちに、より自分たちのファンになってもらうにはどうしたらいいのか。

そこで僕は単独ライブをやることにした。普通にやっても客席はいっぱいにならないけど、天使の格好をしながら、ファンになってくれたお客さんたちにチケットを手売りしていけば、いっぱいにできるかもしれない。目標が定まるとやる気が漲《みなぎ》ってくる。そこからはますます頑張って笑わせてはチケットを売った。

こうして、企画が終わった後の単独ライブは昼夜ともに満員御礼でやることができた。そこから考え方が一気に変わっていった。仕事は来るものではなく、作るものだと気付いた。誰かがくれるチャンスを待っていても、来ないかもしれない。誰かがくれるチャンスを得るには、誰かが描く絵にピッタリな自分になる必要がある。ただ、僕はそれがとても苦手だった。

良い道具とは、見ただけで使い方がわかるものだという。芸人やタレントも見ただけで使い方がわかる人が売れるんだと思う。わかりやすいし。でも、自分で自分を使うなら、そんな必要はない。パッと見てわからない自分を、自分は知っているからだ。誰かがくれるチャンスを待つより、自分で自分の使い方を示した方が自分に向いている。それに気付いてからは、やることが明確になった。

いきなりタレントとしてやれるほどの能力はないから、コントをしっかりやれるようにならないといけない。それまでの僕らは面白いけど、ハッキリとしたスタイルがないから か、ネタ番組などにはあまり呼ばれなかった。ネタ番組は、コントをやっている時間はコンビに任せてもらえるという点で向いていると思っていた。これに出ないといけない。

暇だった1年間のスケジュールをすべて自分たちの単独ライブで埋めた。そうすると突然忙しくなった。ネタを毎回7〜8本作らないといけない。コントとコントの合間にやる映像のネタも考えて撮らないといけない。チラシを作らないといけない。お客さんに来てもらうためには、テレビで人気者ではない自分たちだけに、ライブで誰よりもウケないといけない。そして、宣伝のためにたくさんライブに出ないといけない。いろいろな人たちに来て欲しいから、いろいろなところに顔を出さないといけない。逆算して考えていくと、やらないといけないことだらけで、めちゃくちゃ忙しくなっていった。

普段のライブは1本ネタをやるだけなので、絶対に間違いないネタをやるしかない。しかし、単独ライブならいろんなネタを試せる。当時ライブシーンではシュールなネタが流行っていて、ボケツッコミがしっかりしているネタなどがなかなかウケなかった。僕らも割とそういうネタが多かったが、今立のツッコミを生かすにはボケとツッコミがしっかりあるネタの方が良かった。単独ライブではそういうネタも作ることができる。

こうして出来たのが「やっつんバーガー」というネタだった。ウッチャンナンチャンやダウンタウンのまっちゃん、はまちゃんなどのように、愛称があるのが良いと思い、〝やっつん〟というそれまで呼ばれてもなかった愛称を無理矢理作ってネタに組み込んだ。とてもわかりやすいネタで、要するにボケの羅列だ。特に物語もない。これがウケた。

当時「爆笑オンエアバトル」という番組が始まり、若手がテレビでネタをやる機会が増えてきていた。ボキャブラで人気だった芸人さんより少し下の世代の芸人たちに光が当たり始めていた。僕たちは同期の芸人がみんなオンエアバトルに出ているタイミングでは呼ばれなかった。ライブではウケていたが、番組的な目線で見ると、やはりあまりネタが評価されていないんだなと思った。だいたい同じくらいだと思っていた芸人たちも、実は何段も上にいた。それで腐ってもしょうがないので、黙々とネタ作りと単独ライブを中心にやっていた。

やるからにはお客さんを増やさないといけないので、最初は下北沢駅前劇場、次は北沢タウンホールと倍々にキャパを大きくしていった。もちろん、ほっといてもお客さんは来ないので、死ぬほど手売りをした。僕は今の今まで手売りしなかったライブはないかもしれない。まったく自慢にならない話だけど。常に自分で売ってなんとか満員にしていた。何もしないでもチケットが即完すれば最高に気分が良いが、そうはいかないのが現実だ。

それでもガラガラでやるのは嫌だし、見てくれたら好きになってくれるかもしれない。ライブが終わったら、すぐ会場の外に出てチケットを手売りした。手売りもだんだんうまくなっていく。コツは絶対下手に出ないことだ。必ず「まけてよ」と言ってくる人がいるが、絶対にまけないし、粘っても疲れるだけだ。

良いこともあった。だいたいライブはネタ1本しか出番がないが、手売りをするとそこでもアピールができて、「面白いんだなーこの人」と思ってもらえる機会になった。こういうことは大学時代から散々やってきたから慣れっこだ。結局、大学という小さい世界でやっていたことを、もう一度外の世界でやれば良いだけということに気付いた。

みんなを部員にするような気持ちでやれば良い。もう一度、世間の中に落研を作るのだ。それにしても、いつになったら手売りなんてしないでも満員御礼になるのか。予定では、もうなってるはずだったが。規模は大きくなったけど、今も変わらずだ。

そんなある日、「ＮＨＫ新人演芸大賞」のオーディションがあった。

この大会はＮＨＫ主催で行われる、若手のお笑い芸人と落語家の登竜門的コンクールの名称で、Ｍ－１もキングオブコントもない時代のお笑いの賞レースは東京にはこれしかなかった。結成10年以内のグループが出場の条件だ。2年前にはラーメンズが決勝に進出していた。僕らもオーディションには行っていたが、なかなか受からなかった。しかし、単独ライブを続けているうちに、だんだん形が出来上がってきていた僕たちは「やっつんバーガー」のネタでなんとか決勝の8組に残ることができた。

対戦相手はフットボールアワーやダイノジなど強豪揃いだ。決勝は一発勝負。その場でウケてしまえばこっちのものだ。緊張はあったが、思い切ってやることができた。ウケも上々だ。ただ、他のグループもウケているので結果はわからない。

審査員長の小《こ》松《まつ》政《まさ》夫《お》さんから名前が呼ばれる。

「優勝はエレキコミック！」

こうして僕たちは、２０００年のＮＨＫ新人演芸大賞で大賞を受賞することができた。

大学を卒業して3年。やっとプロになれたと思った。僕は25歳になっていた。

あとがき

あれから20年経った。

僕が卒業した後の落研は、塙くんが部長になり、順調に部員を増やしていった。そして現在、部員１００名を超える大学を代表するサークルに成長している。

今やっていることは、ほとんど18歳から22歳まで落研でやっていたことだと気付いた。25歳でＮＨＫ新人演芸大賞を取って、なんとか芸人になれてから、やっていることは１つだけだ。単独ライブを続ける。これだけ。

最初は１年に３回も単独ライブをやっていた。とにかく暇な時間をなくしたかった。そうこうしているうちに、ネタをテレビでやれるようになった。テレビに出ると、みんなネタが足りなくなるが、僕らは単独ライブでネタをたくさん作っていたから助かった。

その後、お笑い界はＭ－１グランプリが始まり盛り上がっていったが、僕たちは漫才をやらないから出場しなかった。出ていた同期たちはスターになっていった。そんな中、黙々と単独ライブを続けた。コントの大会があれば出るつもりだった。

それから10年経って、やっとキングオブコントが始まった。決勝には行ったけど、結果は8位だった。そこで見事にハマった人たちはスターになっていった。

僕たちはどこにもハマらなかった。元々飽きっぽい性格で、何をやってもすぐ諦めたりしていたのだが、それでも単独ライブだけは続けている。続けていれば何かになれるかもしれない。42・195キロでタイムを競うマラソンなら早い人には勝てないが、終わりがなければずっと走ってる人が勝つことになる。だから続けている。瞬間風速が速いと目立つ。長いレースは観てる方も飽きるから、注目する人はいないかもしれない。

だけど、やっぱり誰よりも遠くまで走れた人はずっと走っている人だ。続ける力は普通の人を偉大な人に変えてくれるかもしれない。そんなことを信じてずっと続けている。

僕はだいたい、一度始めたことをやめない。舞台をやりたいと思った時に、体力のなさに気付いた。そしてジムに行きだした。最初一緒にいた仲間は「効果がない」といって辞めていった。それでも僕は続けていた。そうしたらやっぱり効果は出てきたのだ。10年分の結果を見ると、確実に健康になっている。続けるのは凄いことだなと思った。

12、3年前に仕事がまったくなくなった。芸人になって初めての経験だった。もう30歳を超えていたし、バイトもすぐクビになるような僕にこれから転職なんてとても無理だ。さあどうしようと考えた時に、一体自分は何を作る人なんだろうと思った。

農家の人は米や野菜を作る。自分にとってそういうものはなんだろう。コントなら作れるなと思った。あと音楽も好きで、DJもできるなと思った。いろんなライブに行ったり、人と話すのも好きだなと思った。それが僕のお米なんだと思った。これは流行りに左右されない。誰かに仕事をもらえなくても自分で作れるものだ。ならば、あとはこれを売ればいいんだと思った。買ってくれる問屋がないなら、自分が問屋になって直接お客さんに売る販路を作ればいい。それからはそうやって活動してきた。

ラジオがやりたかったから、トークライブを始めた。

ライブという仕事は、すぐに自分で作ることができるのが良いところだ。それがすぐにラジオにつながるとは思っていなかったのだが、幸運にもTBSラジオで「エレ片のコント太郎」という番組が始まることになった。

最初は3カ月で終わると言われた。小学生の時から深夜ラジオが大好きだった。とんねるずさんやビートたけしさん、電気グルーヴさんのラジオを半分寝ながら必死に聴いていた。自分のラジオ番組をやるのが一番の夢だった。だから、終わってしまっても後悔しないように全力でやろうと思った。結果、この番組は13年目を迎えた今も続いている。お陰で今があると言えるほど、ラジオには助けられてきた。

お笑い以外にＤＪのイベントも始めた。

そこに今まで仲良しになった芸人やミュージシャンに出てもらった。初めてやる時は緊張したが、なんとか満員になった。お客さんは僕たちに派手な仕事がなくなってもずっと来てくれていた。それが一番の力になったし、いまだに続いている。

そうしているうちに、ビクターから〝ＤＪやついいちろう〟としてＭＩＸ ＣＤを出しませんか？」という話がきた。素人みたいなもんだし、最初は無理かもと思ったが、成功しても失敗してもどっちに転んでも面白いと思い、やることにした。

出してみると、思っていたより喜んでくれる人が多かった。純粋に嬉しかった。それから毎年、ビクターからＣＤをリリースさせてもらっている。これも今年で10年になった。

ビクターから3枚目のＭＩＸ ＣＤを出させてもらった時に、サニーデイサービスの曽我部恵一さんに「やついくん、フェスやってみなよ。このＭＩＸ ＣＤの感じでさ」と言われた。思い返せばＤＪを一番最初にやった時も、曽我部さんに褒めてもらったのが続ける要因になった。そんな曽我部さんが言うならやってみようかなと思った。ただ、どうしたらいいかわからなかった。

そんな時に、渋谷のO－EASTなどを運営しているシブヤテレビジョンから「うちでフェスやってみませんか？」という話がきた。曽我部さんにそんなことを言われていたタイミングだったので、これはやれってことだなと思った。それが「やついフェス」になった。1回で終わるつもりだったが、楽しくて結局今年で8回目になる。

僕が今も続けていることは、思い返せば全部大学時代にやっていたことだ。落研と音楽サークルのバンドで合同ライブをやったり、DJをやってからライブを始めたり、テープに好きな曲を入れてみんなに配ったり。

やっていることは、結局、何一つ変わらない。活動の場が大学から社会になっただけだ。成長がないことに我ながら驚く。そしてもう27年も同じことを続けていることにさらに驚く。みんな途中でやめてしまったというのに。まるで自分だけずっと大学時代が続いているようだ。きっとそうなんだろう。そう、ずっとそうだ。

でも、そんな日々を僕は気に入っている。

やついいちろう

1974年三重県生まれ。
1997年にエレキコミックを結成。
2000年にNHK新人演芸大賞（演芸部門）を受賞。
2010年にはTBS「キングオブコント」で決勝進出。

敬愛する曽我部恵一氏の勧めでDJ活動を始め、現在までに9枚のCDをリリース。2012年から、お笑い・ミュージシャン・アイドル・文化人といったジャンルレスの「YATSUI FESTIVAL!」のオーガナイザーをつとめる。2014年にTBS「リアル脱出ゲームTV」で俳優としてのキャリアをスタートさせ、NHK「ひよっこ」、CX「FINAL CUT」などに出演。趣味は海外旅行、銭湯。

本書はエレキコミックのメールマガジン「エレマガ。」に掲載された内容に加筆修正を加えたものです。

これこそ青春というやつなのだろうな

2019年6月15日　第1刷
2019年7月14日　第2刷

著者　やついいちろう

装画　江口寿史
デザイン　若井夏澄（tri）
編集　キンマサタカ（パンダ舎）
資料提供　小川康弘
協力　中川 晃、上田 航
（トゥインクル・コーポレーション）
校正　聚珍社

発行人　井上 肇
編集　熊谷由香理
発行所　株式会社パルコ
エンタテインメント事業部
〒150-0042　東京都渋谷区宇田川町15-1
電話　03-3477-5755

印刷・製本　シナノ書籍印刷株式会社

ISBN978-4-86506-304-2　C0095

Printed in Japan

落丁本・乱丁本は購入書店を明記のうえ、
小社編集部あてにお送り下さい。
送料小社負担にてお取り替えいたします。
〒150-0045　東京都渋谷区神泉町8-16
渋谷ファーストプレイス　パルコ出版　編集部

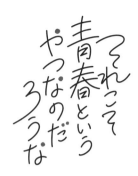